# 1985年のクラッシュ・ギャルズ

柳澤健



光文社未来ライブラリー

0027

1985年のクラッシュ・ギャルズ　目次


第一章　観客席の少女　9
一九八五年のあの日、私は、リングを一心に見つめる少女の一人だった。
あの人たちは私たちの心の闇を、苦しみを、背負って闘っている。

第二章　置き去りにされ　29
その日、学校から帰ると父も母も消えていた。親戚をたらいまわしにされた
孤独の日々に、少女の救いはテレビの女子プロレスだった。

第三章　光り輝くエリート　67
スポーツ万能、天性のアスリートだった飛鳥は、早くから将来を嘱望された。
しかし、「客に伝わるものが何もない」と松永兄弟から酷評される。

第四章　赤い水着　89

一九八三年に結成されたクラッシュ・ギャルズは女子プロレスを変えていく。
ゴールデンタイムでの中継が始まり、女子中高生が熱狂する。

第五章　青い水着　125

トップで全女入りしたはずのエリートの飛鳥は、コンビを組んだ長与に
喰われてしまう。焦燥の中、「なぜ歌うのか」という悪魔の囁きが。

第六章　親衛隊　167

少女たちは親衛隊をつくり、二人の後を追った。「こっちを三秒見た」
「なぜ、こちらを見ないの？」。その一挙手一投足が事件になる。

第七章　引退　179

クラッシュの分裂、ダンプの引退でアイデンティティを失った長与は、フリーの格闘家神取しのぶとの対戦に活路を見いだそうとするが。

第八章　現実と向きあう季節　201

長与が引退し、飛鳥もその後を追う。共に生きた少女たちにもやがて現実と向きあう季節が訪れる。だが、その夢の残滓を追い続ける者も。

第九章　新団体　219

女子プロレスラーを色物としか見ない芸能界にあって、唯一人表現者としての長与の才能を見ぬいたのが演出家の「つかこうへい」だった。

第十章　冬の時代に輝く　243
引退後、芸能活動に行き詰ったライオネス飛鳥は、衰退期に入りつつあった女子プロレスに復帰。苦悩の果てにヒールに転向して、ついにプロレスに開眼する。

第十一章　夢見る頃を過ぎても　271
リングを囲んでいた少女たちは大人になり、結婚をし、家庭をつくる。そうしたなかで私はまだこだわっている。リングを見つめている。

第十二章　そして誰もいなくなった　281
全女を反面教師として新団体をつくりあげた長与。が、その純粋培養の実験は、時代に敗北する。クラッシュを再結成しても、時代は戻らない。

終　章　クラッシュ再び　317
乱れ飛ぶ紙テープ。メガホンにハッピ。名も知らぬ街の公会堂の固いベンチ。
そのすべてを幻にして、あのとき少女だった。あのときを共に生きた。

あとがき　323

井田真木子さんのこと――文春文庫版のためのあとがき　329

雨宮まみさんのこと――光文社未来ライブラリーのためのあとがき　333

解説　尾崎ムギ子　349

# 第一章

# 観客席の少女

一九八五年のあの日、私は、リングを一心に見つめる少女の一人だった。
あの人たちは私たちの心の闇を、苦しみを、背負って闘っている。

凶器で額を割られた少女の赤い血が、白い空手衣にパパパッと散りました。

「何じゃ、これは!?」

寝ぼけ眼だった私は、一気に目が醒めました。

クラッシュ・ギャルズを初めて見たのは中学二年の終わり頃。深夜番組で女子プロレス中継をやっていました。夜中の十二時だったか一時だったか、とにかく中学生が起きていられる時間ではありません。でもこの夜、たまたま眠れなかった私は起き出してテレビをつけたのです。ちょうどメインイベントが始まるところでした。

テーマ曲が流れて、風林火山と刺繍された空手衣を着たふたりの選手が入場してくると、観客たちは声を揃えて大声援を送りました。

ところが、髪を金色に染めて派手なペイントをした集団が、入場する空手衣のふたりに奇襲攻撃を仕掛けたのです。

深夜に血を見たことなど、これまでの私の人生には一度もありません。

白い空手衣に散った鮮血。クラッシュ・ギャルズのイメージはあまりにも強烈で、興奮した私は、試合が終わってベッドに入った後も、なかなか寝つけませんでした。

数日後、私はもう一度クラッシュ・ギャルズをテレビで見ました。長与千種とライオネス飛鳥のふたりは、中山美穂主演のドラマ「毎度おさわがせします」（TBS系）にレギュラーで出演していたのです。

その夜、夢を見ました。私もドラマの中にいて、クラッシュ・ギャルズのふたりが楽しく話している姿を遠くから見つめている夢です。「鮮血の人で、ドラマの人だ！」夢の中で、私はドキドキしていました。

翌朝目覚めると、もう私はクラッシュ・ギャルズに恋していたんです。

## 美しくない私は

私の家は四人家族。大阪で小さな会社を経営する父と専業主婦の母、六歳年上の姉がいます。郊外の家は充分に大きく、姉と私は幼稚園の頃からピアノのレッスンに通いました。私たちの髪はいつも長く、ジーンズをはいたことは一度もありません。

父はプロレスが好きでした。ジャイアント馬場さんの全日本プロレス、アントニオ猪木さんの新日本プロレス、何でも見ていました。

ところがある日、父が夕食の時にプロレス中継を見ようとすると、母に大反対されたのです。

「プロレスなんて野蛮なものを見たら、ご飯がまずなるわ。あっち行って」

私たちも母に同調し、女三人からきつい口調で言われた父は、仕方なく隣の応接間に食事を運び、大きなテレビでひとりプロレスを見ました。私が小学校高学年の頃です。

母はスポーツが嫌いでした。プロレスはケンカと一緒、ボクシングは野蛮、ゴルフはおっさんのもの、阪神タイガースなんかどうでもいい。母は娘たちにそう教え、私たちは母の言葉に頷きました。

母が好きなのは宝塚です。家から近いこともあり、姉を連れてしょっちゅう出かけていました。姉は近所でも評判の美人で、一緒に歩くと「女優さんですか?」と、何度も人に聞かれたものです。

「いえいえ、とんでもない」

笑って否定する母の表情は、しかし誇らしさに輝いていました。

美しく生まれた上の娘は、その美しさを母に磨かれ、人に賞賛され、二十代で嫁いでいきました。母が望む通りに。母の誇りのために。

では、美しくない下の娘はどうすればいいのでしょう。母の眼中にない私は。

私には私の道があるはずです。しかし、神経質で自分の感情を抑制できない母は、下の娘が自分と異なる価値観を持つことを決して許しません。物心ついてからずっと、私は美しい姉と同じ道を進むことだけを求められてきました。

姉のように美しくはない私の口数は、だんだん減っていきました。たまに宝塚に誘われても、姉と一緒に行く気にはなれません。美しくない私が行けば、母の誇りに傷をつけてしまうでしょう。

子供の集団とは残酷なものです。異質な者、弱い者を見つけると排除しようとします。心を閉ざした私は、クラスメイトの女の子には言葉でいじめられ、男の子にはスカートをめくられました。

教師とは鈍感かつ怠惰なものです。生徒の心の中を見ようとはしません。クラス全員が「はい！　はい！」と連呼する中でひとり手を挙げない私を見た教師は、学期末のたびに母親を呼び出して「引っ込み思案すぎる」と繰り返し注意しました。

小学生の私は「家にも学校にも居場所がない。死んでしまいたい。この先長く生きたとしても、きっとつらいことばかりだから」と絶望していました。「あの人が母親夢想であるはずがない。二十歳になったら、きっと本当のお母さんに会えるんだ」と夢想する以外は何ひとつできなかったのです。

公立中学に進んだ私が悪い仲間とつきあい始めたのは、自然の成り行きでした。居場所のない人間は、どこかに自分の居場所を作らなくてはなりません。同じクラスの不良グループとつきあうのは気が楽でした。誰かと比較されることも、いじめられることも非難されることもなかったからです。仲間のひとりはパーマをかけ、もうひとりは髪を染めていましたが、私にそんな勇気はなく、ケンカに積極的に加わることもできませんでした。私の内向的な性格は変わらなかったのです。それでも強い仲間にくっついていれば、自分も強くなったような気がしました。

外見が派手なわけでもなく、授業もしっかりと受ける。そんな中途半端な不良少女に初めての恋人ができたのは、中学二年の春のことです。当時、校内に公認カップルは数組しか存在しません。ハンサムな恋人を持つのは誇らしいことでした。

ところが、まもなくライバルが登場したのです。

「私も彼のことが好きやねん」

彼と同じクラスの彼女は、私に向かって堂々と言い放ちました。

怒りに身体が震え、頭に血が上った私が不良仲間にライバルのことを話すと、仲間はすぐにライバルをトイレに呼び出して、痛めつけてくれました。自分で殴る勇気を持たない私は、痛みに顔を歪めるライバルに向かって「私の彼氏を取ろうとするからエライ目に遭うんじゃ！」と心の中で叫びました。小学校以来、ずっとやられっぱなしだった自分がついにやり返してやった。そんな思いが私の中にあったのです。

その後も不良グループは、ライバルを何度となくトイレに呼び出して殴りました。校内暴力が社会問題になっていた八〇年代半ば、私たちの学校でもリンチは特別なことではなく、日常茶飯事だったのです。

ところがある日、殴った衝撃でライバルの白目が内出血しました。気づいた教師が事情聴取を行った結果、隠れていた悪事がすべて明るみに出てしまい、学校中が大騒ぎになりました。

私たち不良グループは教師には散々説教された上に、頰を思いっきり引っぱたかれました。被害者の家に何度も謝罪に行かされ、警察では指紋まで採られました。

もちろん親にはすぐに学校から連絡が行きました。

「いじめの件でご連絡しました」

母は「また下の娘がいじめられたか」と思ったそうです。

「いえ、いじめたのはお嬢さんの方です」と聞いて驚いた母は、すぐに学校に飛んできて、私と一度も目を合わせないまま、こう言いました。

「次、また同じことをしたら、あんたが先に死ぬか、私が先に死ぬか、どっちかや！」

「あんたが先に死ね！」と母に向かって言える私であれば、そもそもこんなことにはなりません。そのことを誰よりも深く知る母は、自信満々に私を脅迫したのです。

私が不良になった理由を聞いてくれる人間はひとりもいませんでした。

万が一、聞いてくれる人がいたとしても、母の前では何も言えません。

ええ、そうです。

私は母が嫌いでした。

## 私の悩みなど小さい

私たちは更生しました。「もう受験やし、あれで終わりにしよう」と決めて、髪を染めていた子も黒に染め直しました。しかし心の底では、割り切れない思いが捌《は》け口を求めてうずまいていたのです。

深夜のテレビで女子プロレスを見たのはそんな頃。白い空手衣に散った鮮血は鬱屈した日々を送っていた私を変えました。

クラッシュ・ギャルズのふたりに恋した私は、すべてのエネルギーをクラッシュに注ぎ込んでいきます。

関東とは異なり、関西での女子プロレス中継は、月一回の九十分番組が深夜にあるだけ。夜遅くまで起きていられない私は、ビデオデッキを持っている友達に頼んで録画してもらいました。

シングル・レコード「炎の聖書（バイブル）」「嵐の伝説（レジェンド）」「夢色戦士」はもちろん、クラッシュが出ている雑誌は全部集めました。『明星』『平凡』『近代映画』『マイアイドル』『Duet』等のアイドル雑誌と、『週刊プロレス』『週刊ゴング』『週刊ファイト』『デラックス・プロレス』等のプロレス専門誌です。

アイドルではチェッカーズやシブがき隊、おニャン子クラブ、さらに男子バレーの川合俊一が人気を集めていた時代でした。

『週刊セブンティーン』で「女子プロ新聞」の連載が始まると、少しでも早く読みたい私は、毎週火曜日の昼休みには学校を抜け出して書店に買いに出かけ、五時間目が始まる前に戻りました。その日の午後はずっと幸せでした。

雑誌にはポスターの付録がついてきます。自分の部屋の壁と天井は瞬く間にポスターで埋め尽くされ、続々に刊行される単行本もすべて買い揃えました。

雑誌や本を繰り返し読めば、長与千種とライオネス飛鳥の半生をおおよそ理解できます。両親の経営する店がつぶれて、一家離散の悲劇を経験した長与千種。父親の顔を知らないまま育ち、肥満を強靭《きょうじん》な意志で克服したライオネス飛鳥。彼女たちの悩みに比べれば、私の悩みなど小さい。つらい日々を送ってきた彼女たちがあれほど輝けるのなら、私だってできるはずや、と心から思えました。

自分のすべてを否定されて、何もなくなってしまった心の中に、彼女たちの悲しみや苦しみ、痛みのすべてが入ってきました。

プロレスも歌もドラマも、全部がクラッシュ・ギャルズでした。

私の姉は六歳年上、千種も六歳上、飛鳥は七歳上です。母親に従順な姉ではなく、自分の意志でプロレスラーになり、ブラウン管の中で光り輝く『強いお姉さん』。それこそが私の求めていたものだったのです。

クラッシュと出会って、私は変わりました。中学三年生に進級すると級長になり、フォークソング部の部長に選ばれました。引っ込み思案だった私が、人の上に立つようになったのです。

まもなく私は真剣に高校受験に取り組みました。母の薦める神戸のお嬢様高校に行こう。でも、入学して母親を納得させた後は好きなことをしよう。そう考えたんです。

私にとって「好きなこと」とは、クラッシュ・ギャルズを応援すること以外ありません。ただのファンではイヤでした。クラッシュのふたりに、私の名前と顔を覚えてもらいたかったのです。

顔を覚えてもらうためにはどこまでも追いかけていかなくてはならず、そのためにはクラッシュ・ギャルズの親衛隊に入る以外ありません。揃いのハッピを着てポンポンとメガホンを持ち、観客席からクラッシュに声援を送るのです。

親衛隊に入るために高校受験に真剣に取り組んでいた中三の夏、全日本女子プロレス、通称全女が大阪でビッグマッチを開催することになり、私は父親に頼んで連れて行ってもらいました。

一九八五年八月二十八日を、私は一生忘れないでしょう。生まれて初めてプロレスを試合会場で観たからです。巨大な大阪城ホールの観客席は、中学生と高校生の女の子たちで埋め尽くされていました。その日に起こったことは、二十五年以上が経った今でも、はっきりと覚えています。特に心に深く刻みつけられているのは、長与千種がダンプ松本と戦ったメインイベント。敗者は髪を切って丸坊主にされるという、いわゆる「髪切りマッチ」でした。

## あの人の髪が切られてしまう

最初に入場してきたのは、青コーナーのダンプ松本。黒いTシャツの上に革のベスト、アメリカの警官がかぶる制帽の下には濃い色のサングラス。頬と鼻筋には濃いシャドウが入り、頬には薔薇の絵、右太腿には不気味なドクロや足の長い蜘蛛《くも》の絵が描かれています。

竹刀を持ったダンプ松本の後には、数名の手下が付き従います。「極悪同盟」と書かれた幟《のぼり》を持つブル中野、アメリカからやってきた巨漢レスラーのモンスター・リッパー、「極悪命」という金色の文字が背中に書かれた黒いジャンプスーツを着た謎の覆面レスラー、そしてドクロの絵に「みな殺し　極悪同盟」と書かれた大きな旗を持つ若手のレスラーたち。

ダンプ松本と謎の覆面レスラーのふたりがリングに上がり、照明が赤に変わると、会場の空気は一変します。テレビやレコードで何百回と聞いたクラッシュ・ギャルズの入場テーマ曲「ローリング・ソバット」が大音量で流れると、私の期待と不安は一気に高まりました。「C！　R！　U！　S！　H！」の大合唱に引き続いて、同じ年頃の女の子たちは声を限りに「チ・グ・サ！」「チ・グ・サ！」と叫び続けています。

悲鳴にも似た絶叫の嵐の中を、長与千種が入場してきました。

若手レスラーが持つ「風林火山」の旗を先駆けに、ライオネス飛鳥と若手レスラーふたりが作る騎馬の上に乗るのはもちろん長与千種。頭には純白の長鉢巻、身に纏《まと》うは紋付きの羽織袴。まるで初陣に向かう凛々《りり》しい若武者のようです。

リングに上がった赤コーナーの千種は、氏家清春リングアナウンサーのコールを受ける際に、手にしたハサミを高々と掲げました。「今日こそはこのハサミで、悪の限りを尽くすダンプ松本の髪を切ってやる。卑怯な反則や凶器攻撃を続けるダンプに、今日こそ制裁を加える！」という意思表示であることは、誰の目にも明らかでした。勇敢な若武者に向かって五色の紙テープが滝のようにリングに投げ込まれる光景は幻想的で、この世のものとも思えません。

青コーナーのダンプ松本も手にした竹刀を少しだけ掲げ、戦いの準備が整っていることを示します。

アナウンサーがリングを下り、紙テープの山が若手レスラーによって片づけられる間、長与千種はいったんリングを下りて羽織袴を脱ぎ、水着姿になっていました。しかし、すぐにリングに上がろうとはせず、イライラした様子でリングの周囲を歩き回っていたかと思うと、ついに意を決してマイクをつかんで叫びました。

「おいっ！　なぜ二人がそこにいるんだ！」

千種の視線の先には青コーナーがあり、そこにはサングラス姿のダンプ松本と、体型のよく似た黒いジャンプスーツ姿の覆面レスラーの二人が立っていました。

千種の疑問は、私たちの疑問でもありました。

「お前たちは誰なんだ？」

千種と私たちの疑問に応えるようにダンプ松本はサングラスを外し、帽子を取りました。

なんと！　その顔はダンプのものではありません。

千種と私たちが唖然とする中、隣にいた謎の覆面レスラーは黒いジャンプスーツを脱ぎ始め、最後に覆面を取ると、そこには歌舞伎の隈取《くまど》りのようなペイントをほどこしたダンプ松本の顔がありました。

替え玉がリングを下りると同時に、本物のダンプ松本は試合開始のゴングも待たず、エプロンにいた千種にロープ越しに襲いかかり、髪の毛をつかんで鉄柱に叩きつけました。ようやくリング上に戻ってきた千種をダンプはさらに鎖で殴りつけ、首を絞め、喉を手刀で突きます。もちろんすべてが反則攻撃です。

千種はハイキックで反撃しますが、特別レフェリーを務めるメキシコのホセ・トーレスはどういうわけか「キックはダメだ」と千種ばかりに注意を与えるのです。

ダンプの反則が許されるのに、どうして千種のキックが禁止されるのでしょうか。「このレフェリーは変だ！」観客は抗議の声を上げました。

得意のキックを禁じられた千種にダンプが再び襲いかかります。ロープ際で配下のレスラーから手渡されたフォークを使ってダンプが千種の頭部を乱打すると、「チ、グ、サ！　チ、グ、サ！」のコールは声援というよりも、むしろ悲鳴に近いものへと変わりました。

ロープに振られた千種はそのまま体を入れ替えてコブラツイスト。しかしダンプのパワーはこれを易々とふりほどきます。千種が得意のサソリ固めに入ろうとしても、ダンプを反転させることはできず、逆に下から足を攻められてサソリ固めを食らいます。

場外乱闘に持ち込まれて怒りの頂点に達した千種は、一斗缶をダンプの頭部に何度も叩きつけ、さらにリングに上がってハサミでダンプの髪を切ろうとしますが、レフェリーがこれを阻止、逆にハサミをダンプに奪われて、繰り返し額を突かれた千種がついに流血すると、ダメージを負ってフラフラと歩き回る千種への声援はさらに高まり、ダンプ松本への非難も同時に高まっていきます。

ホセ・トーレスレフェリーがようやくダンプ松本のハサミを取り上げて投げ捨てると、顔面を朱に染めた千種は、ダンプを得意のサソリ固めに捕らえました。

しかしダンプはこのサソリ固めからも容易に抜けだすと、リングアナウンサーのマイクをつかんで千種の流血する頭部を殴りつけました。「ゴッ、ゴッ」という鈍い打撃音が、マイクを通して会場中に響き渡ります。ロープにもたれかかる千種は、もはや避けることもできません。

これ以上は危険と判断したセコンドからタオルが投入されましたが、千種は気丈にもそのタオルを拾い、リング外に投げ返します。

大量の血液が目に入った千種の視界はほとんどありません。戦闘能力を完全に喪失した千種の頭に、ダンプが思い切り椅子を叩きつけると、ついに千種はダウン。レフェリーのカウントが始まりました。

盟友ライオネス飛鳥がエプロンから「立て！　立て！」と絶叫する声もむなしく、とうとう10カウントが入りました。観客席の私たちは声もありません。

レフェリーのホセ・トーレスがダンプの左腕を高く掲げました。

ライオネス飛鳥、ジャガー横田、デビル雅美など、多くの選手たちが千種の身体を心配してリングへ。ブル中野、モンスター・リッパーら極悪同盟のメンバーもリングに上がってきました。

顔面を血で真っ赤に染めた千種は、いったんリングを下りて放送席のマイクをつかむと机の上に立ち上がって「負けてないぞー！」「負けてない……」と絶叫します。

しかし、モンスター・リッパーとブル中野は千種を力ずくでリングに上げ、中央に据えられた椅子に座らせると、千種の首に鎖を巻きつけました。暴挙を阻止しようとする飛鳥たちは、極悪同盟のレスラーによって簡単に引きはがされてしまいます。

右手にマイク、左手に電気バリカンを持ったダンプが「見てろ！　長与を丸坊主にしてやるぞ！」と叫びました。

観客席を埋め尽くした一万人の少女たち全員が号泣しながら「やめて！」「やめて！」と絶叫する中、植田信治全日本女子プロレスコミッショナーは無情にも「試合前のルールに基づき、KO負けを喫した長与千種に髪切りを行う」と宣言しました。

顔面を血に染め、首に鎖を巻かれ、右手をブル中野に、左手をモンスター・リッパーに押さえつけられた千種の髪に、ついにレフェリー、ホセ・トーレスのハサミが入りました。続いてダンプが容赦なく電気バリカンを入れ、観客やカメラマンによく見えるように千種をロープ際まで持って行き、さらにバリカンを入れていきます。

千種は観念したように目を閉じています。観客席の少女たちは怒りと悔しさで全身を震わせつつ、抗議の絶叫を繰り返すことしかできません。

髪切りの儀式が終わると、ファンの怒号を跳ね返すように竹刀を振り回しながらダンプが退場し、続いて頭にタオルをかぶせられた千種が、ライオネス飛鳥、ジャガー横田、デビル雅美らと共に退場していきます。

敗者を見送る十五歳の私は泣き叫ぶこともできず、ただ涙を流すばかりでした。隣に父親がいたからです。家族の前で自分の感情を出して泣くことが、私にはどうしてもできなかったのです。

帰宅途中に、父親は私を慰めようとラーメン屋に連れて行ってくれましたが、涙の味しかしません。家に帰っても眠れず、食欲もありません。私は打ちひしがれるばかりでした。

数日後の朝、夏休み明けの校庭で女子プロレス好きの仲間に久しぶりに会った瞬間、私は初めて声を上げて泣きました。

「千種、負けてないよなあ！」

「絶対負けてない！」

「ホセ・トーレスっていうレフェリーが悪いんや！　あんなレフェリーをわざわざメキシコから連れてくるなんて、全女は気ぃ狂っててんと違うか？」

「ダンプをぶち殺してやりたい！」

友達の顔を見た瞬間、それまで抑えていた感情が爆発して、涙が止まらなくなったのです。

そこからの一週間はとてもつらい日々でした。

次に出る『週刊プロレス』を買おうとする手が震えました。中を見れば千種が丸坊主にされた写真が載っていることがわかっているからです。買わないわけにはいかないけれど、怖くて手に取れません。

自分でも異常だと思います。でも、私だけではなく、仲間も同じでした。親を失ったかのような勢いで、お互いの顔を見るたびに泣けてくるんです。

当時の私たちは、プロレスのことを何も知りませんでした。

スリーカウントがすべてだと、目の前で起こったことはすべて真実だと思っていたんです——。

# 第二章 置き去りにされ

その日、学校から帰ると父も母も消えていた。親戚をたらいまわしにされた孤独の日々に、少女の救いはテレビの女子プロレスだった。

長与千種の父、長与繁《しげる》は長崎県大村市で漁師を営む一家の長男として生まれた。尋常小学校四年の時から漁船に乗り、戦時中は徴集されて大村飛行場に配属され、そこで終戦を迎えた。

A級戦犯容疑で巣鴨プリズンに収監されていた笹川良一は、アメリカの雑誌『ライフ』の記事を読んでモーターボートレースの着想を得た。公営競技となった競艇を熱心に招致したのが大村市だった。兵役を解かれて漁師に戻っていた長与繁は、土木作業員として大村湾の競艇場建設工事に参加した。

日本で初めての競艇が大村市で開催されたのは一九五二(昭和二十七)年のことだ。好景気に沸く炭鉱から客が大挙して訪れ、大村市は大いに賑わった。

草創期のプロ競艇選手となった長与繁は女子競艇選手と結婚、まもなく長女一二三《ひふみ》が誕生したものの、レース中の事故で重傷を負って引退を余儀なくされた。

元競艇選手の夫婦にできる仕事は限られる。ふたりは波止通りでバー「リヨン」を始めた。長屋のような建物が軒を連ねる繁華街からまっすぐに伸びた通りの突き当たりには、穏やかな大村湾が広がっている。一家三人は「リヨン」の二階に暮らしたが、一二三が四歳の時に、母親が自殺してしまった。

一年後、幼い娘を抱えた繁は再婚する。相手は、集団就職で名古屋の紡績工場に働きに出たものの、身体を壊して大村の実家に戻り旅館勤めをしていた二十歳のスエ子だった。

いきなり五歳の子供の母となったスエ子は強い女性だった。「一二三を自分の娘以上に大切に育てよう。どこに出しても恥ずかしくない子供にしよう」と決意してミッション系の幼稚園に入れた。通園は送迎バス、制服はベロアのブレザー。子供同士に「ごきげんよう」と挨拶させる幼稚園だった。

娘を私立の女子校に通わせるために、そして店を大きくするために、若い新妻は必死で働いた。

結婚から二年が経過した夏、スエ子は妊娠に気づいたが夫には必死に隠した。日頃から「女やったらいらん。堕ろせ」と言われ続けてきたからだ。

夫は息子がほしかった。息子を日本一の競艇選手に育て上げ、自分が果たせなかった夢を託そうとしたのだ。

身ごもった子の性別はわからない。だが初めての子をどうしても産みたいスエ子は、堕胎不可能となる時点まで隠し通した末に、ついに夫に妊娠を告げた。

息子が生まれるものと決めつけた繁は、早々に男の子用の産着を買い集め、男の子の名前ばかりをいくつも考え、出産祝いの宴のためにシャンパンを何十本も用意した。

生まれたのは女の子だった。落胆した父親は、祝いのシャンパンをすべて叩き割った。一九六四（昭和三十九）年十二月八日のことだ。

母親は女の子らしい名前をいくつか考えていたが、父親は勝手に「長与千種」と名づけて役所に出生届を出してしまった。母親は激怒したが、「〝長〟く夢を〝与〟えてほしい。その夢は〝千〟の〝種〟となって蒔かれ、綺麗な花を咲かせる。そんな人になってほしいという願いをこめてつけた」という夫の説明に渋々納得した。

だが、本当のところは「千円の舟券（当時の最高額）の種になる子」という、元競艇選手の発想からつけられた名前だった。ちなみに姉の一二三という名前には「一着二着三着に入りますように」という願いがこめられている。

出産後まもなく退院した母親は注射で母乳を止め、以前にも増して死にものぐるいで働いた。幼い千種の面倒を見たのは七歳年上の姉であり、教育担当は父親だった。

小学校に上がる前から、父親は千種を競艇場に連れて行った。ギャンブルのためではない。元競艇選手は舟券を購入できないという規則がある。

父親はまず駐車場に行き、幼い娘に「エンジンの音を聞き分けろ」と命じた。エンジンの回転数は音の高低に表れる。一着になる艇、速い艇のエンジン音を覚えろというのだ。競艇場の中に入ると、父親は幼い娘に「何色のエンジンがいい音を出している?」と聞いた。長与千種は未来の女子競艇選手としてのエリート教育を受けていたのである。

「勝負事は皆同じだ」と父親は千種を競輪場やパチンコ店、スマートボール場にも連れて行った。ギャンブル場見学の後は決まって鰻丼。食の細い千種のために、父親は丼の蓋にご飯と鰻の一片を乗せてやった。

商売敵の偵察も千種の仕事だ。波止通りに軒を連ねるバーの前には、それぞれ空のビールケースがうずたかく積まれている。その高さで前日の客の入りがわかる。

夜、千種が近所の店のドアを開けると、顔見知りのママさんから「遊びにきたと?」と笑顔で聞かれる。

「うん」と答えつつ、すばやく客の数を数える。

「あの店には客が入っとらんかった」

帰宅した千種はすぐに父親に報告した。

父親は千種を男として育てた。洋服も靴も鞄も青いものばかり。おもちゃはミニカーであり怪獣であった。

母親が初めて買ってくれたビニールの赤い靴のことを、千種は今でも覚えている。可愛いひまわりの絵が大好きだった。

しかし、赤い靴を履けば父親の機嫌が悪くなる。千種は赤い靴を靴箱の奥に隠し、時々出しては頬ずりして、再びしまい込んで青い靴を履いた。

小学校に入学する少し前、父親は黒いランドセルを、母親は赤いランドセルを買ってくれた。どちらも選べない千種は両方ともドブに捨て、改めて買ってもらったショルダーバッグを肩にかけて学校に行った。バッグの中身はカラだった。教科書は学校に置いたままだったからだ。

母親の頑張りの甲斐あって、バーの経営は順調そのもの。「リヨン」の他に市内に六軒の店を出した。自宅の下の「リヨン」には従業員用の大きな黒板があり、父親はその黒板を使って小学校一年生の千種にかけ算や割り算、難しい漢字を教え込んだ。

「学校の先生は通りいっぺんのことしか教えない。みんなと同じことをやっていたら、同じ位置に留まるだけだ。みんなと同じことをするのは無駄だから遊んでこい。学校は遊びに行くところだ」

父親の言葉は絶対だった。

学校のテストは簡単すぎた。あっという間に解答用紙に答えを書いてしまい、後はずっとキョロキョロしていた。「先生からすれば、さぞかしクソ生意気なガキだったはず」と現在の長与千種は笑う。

成績はずっとオール五だった。だが、父親からは強い男の子であることを、母親からは可愛い女の子であることを求められて、千種の人格は必然的に引き裂かれていく。

幼稚園の頃は鳩小屋に入って寝てばかり。小学校では授業中にもかかわらず教室を抜け出して遊んでいた。母親は学校からしょっちゅう呼び出しをくらい、そのたびに頭を下げた。

赤ちゃんが使うおしゃぶりを小学校入学後も手放せなかった千種は、ついに小遣《こづか》いを貯めて二つのおしゃぶりを買い、ヒモにつないで首から下げた。寝る時は口にひとつをくわえ、手にひとつを持った。お菓子ばかりを食べて栄養失調と診断されたこともあった。

幼い頃の母の記憶は白粉《おしろい》の匂いと結びついている。「リヨン」のママとして大勢のホステスを雇い、計七軒のバーやスナックを切り盛りする母は、いつも白粉の匂いをさせていたからだ。深夜、店から酔客を送り出してタクシーに乗せる母の姿を、千種は時々二階から見た。

母にしなだれかかる酔っ払いを許せない千種が、銀玉鉄砲で撃ち、唾を落とすと、気づいた母が二階に上がってきて、こっぴどく叱られた。

飲み屋街の子供たちは「バーの子」と言われてバカにされる。泣いている仲間を見つけると持ち前の激しい気性が爆発して、仲間を引き連れて仕返しに行った。「みんなにバカにされるのなら、自分たちの遊び場を作ればいい」と考える千種は、すでに小さなコミュニティのリーダーだった。

七歳の時に、弟の洋が生まれた。父親が狂喜する姿を見て千種は複雑な気持ちになった。長与家の長男はとても大切に扱われたからだ。七五三の祝いは、千種の時とは比較にならないほど派手にやった。洋の枕元には「めざまし」と称して寝起きに食べるお菓子が置かれた。小遣いも欲しいだけもらえた。千種が「どうして弟だけ?」と両親に聞いても「男とはそういうものだ」と言うばかり。納得できるはずもなかった。

小学四年生の春、千種は夜遅い時間にテレビでやっていた女子プロレスの試合を初めて見た。大きなマッハ文朱《ふみあけ》と太ったジャンボ宮本が戦っていた。

「女であること」「強いこと」「かっこいいこと」が、女子プロレスの中ではひとつになっていた。男にも女にもなりきれない十歳の少女が夢中になるのは当然だった。

まもなく大村に女子プロレスの興行がやってきた。初めて会場で観戦した千種は声も出ない。黙りこくったまま、ひたすら見つめるばかりだった。

空手に通い始めたのも同じ頃だ。

もともと千種は肺機能が弱く、頻繁に喘息の発作を起こして病院に担ぎ込まれて注射や点滴を受けた。中耳炎に何度もかかり、小児結核になったこともある。

身体の弱い下の娘のことを常に気にかけていた母親は、ある日、空手衣を着て裸足で町を走る子供の集団を見つけた。空手をやらせれば、千種も丈夫になるかもしれない。そう考えた母親は翌日道場に連れて行った。

空手は楽しかった。帯の色が変わっていくたびに、身体もどんどん強くなっていくのがわかった。

だが小学五年生の夏、一家に大事件が起こる。

千種がいつもの時間に学校から帰ってくると、家の中には何もなかった。テーブルも椅子も勉強机も布団も本棚も。

両親もいなかった。

朝、家を出る時にあったものが、すべて失われていた。がらんどうになった暗い家の中を、ショルダーバッグをかけた十歳の少女はいつまでも眺めていた。悲しいも悔しいもなかった。ただ、何か大きなものが自分から抜け落ちたような気がした。

## 親戚の家をたらい回しにされる

店の経営状態は回復不能だった。狭い大村で商売の規模を広げすぎた上に、父が友人の借金の連帯保証人になり、逃げた友人の代わりに背負わされた。負債は五千万円に及び、店も家も抵当で取られた。両親は神戸に働きに行かなくてはならず、いつ大村に戻ってこられるかは不明。

右のような事情を小学五年生の千種に話しても理解できないだろう。そう考えた両親は、何も言わずに千種を置いていったのだ。

姉はすでに名古屋で就職していたし、四歳の弟は母親の姉に預けられていた。

何も知らない千種が玄関で立ち尽くしていると、母親の妹がやってきて言った。

「チコちゃん、今日からおばちゃんの家で暮らそう」

叔母の言葉に従う以外、千種にできることは何ひとつなかった。

新しい生活が始まった。臨月だった叔母はまもなく出産した。赤ん坊は可愛かったし、叔母は優しくしてくれた。風呂を沸かすのが千種の仕事だ。外にある風呂釜の焚き口に置いた石炭の下に割り箸を差し込み、紙に火をつけて団扇《うちわ》で懸命にあおげば、やがて石炭に火が移る。少しずつ石炭が赤く輝き始めると、「これが家というものだ」という実感があった。

先に風呂に入った叔母に呼ばれると、千種は裸の赤ちゃんを大きな白いタオルにくるみ、だっこして、落とさないようにゆっくりと歩いて風呂場の叔母に渡す。

幸せだった。

だが、そんな幸せも長くは続かなかった。一年後、夫が関西にバーテンの職を見つけたことで、叔母の一家は大村を離れたからだ。

六年生になっていた千種は、今度は父の妹の家に預けられたが、そこには三人の子供がいた。初めて千種が家に入った時、一番上の男の子が千種を嫌な目で見た。その目は「邪魔者は出て行け」と言っていた。

最初は作ってもらえた弁当も、そのうちに「パンでも買って食べて」と金を渡された。成長期に入り、パンだけでは空腹を満たせなかったが「お前は本当によく食べる。父親から送られてくる生活費じゃ足りない」とイヤミを言われれば何も言い返せなかった。

牛乳代のことを口に出せない千種は、水道の水でパンを流し込んだ。

我慢できなくなると、千種はパン代を節約して神戸の両親の家に電話をかけた。

「もうイヤだ。早く迎えにきて！」

しかし、母親はすでに三宮近くの小さな飲み屋で働いていたから、簡単に帰ってこられる状況ではなかった。ひとりぼっちの千種は、布団の中で声を立てずに泣いた。

中学に行けば制服がある。制服のスカートをはくと、自分が女以外の何者でもないことを思い知らされた。まもなく初潮が訪れた。千種は叔母に言い出せぬまま、ひとりで薬局に行って生理用ナプキンを買った。屈辱だった。

孤独に苛《さいな》まれた千種は勉強はもちろん、喧嘩さえもできなくなった。心に大きな穴が空いてしまって何もする気が起こらず、他人と話すことが苦手になった。

千種にとって唯一の救いはテレビの女子プロレス中継だった。

この時ばかりは、気が狂ったように暴れてチャンネル権を死守した。テレビを抱きかかえ、額を画面にくっつけるようにしてビューティ・ペアを見る千種の横を、上の男の子が「キチガイ！」と吐き捨てながら通り過ぎた。

「その通りかもしれない」と千種は心中密かに思った。千種の腕にはカッターナイフで彫られた「女子プロレス」の文字があったからだ。

## 冷えたハンバーグ

生理用ナプキンを持ち歩くのは悪くなかった。同級生とも共通の話題ができたし、普通の女の子に仲間入りできたような気がしたからだ。

当時は「ブラジャー外し」が流行っていた。男の子がブラウス越しに女の子のブラジャーのホックを外す。女の子として扱われたい千種は、わざと背中のブラジャーがくっきりと目立つような姿勢をとり、思惑通りに外されると「イヤだって言ってるのにぃ」と微笑した。男の子ともうまくやれそうな気がしてうれしかった。

しかし、結局千種は普通の女の子にはなりきれなかった。思春期を迎えた同級生の女の子たちは、体つきが変化するにつれて次第に男子の視線を気にするようになり、男っぽさの抜けない千種を敬遠するようになったのだ。

昨日まで一緒に遊んでいた同級生が、他の子と一緒になって「何よあれ。女は女らしくしていればいいのよ」と言い始めた。

女の子はグループで動く。トイレに行くにも理科室に移動するにも、いつも仲良しグループと一緒だ。だが、女になりきれない千種には、クラスの誰からも声がかからなかった。

中学二年の時、ソフトボール部を作ろうという話が出た。男子の野球とサッカーがグラウンドを独占していて、女子のソフトボールがないのはおかしい。

千種が中心になって交渉すると、学校は渋々ソフトボール部の新設を承認し、顧問をつけてくれたが、ノックもロクにできない教師だった。千種たちは技術書を読み、フライの上げ方やゴロの転がし方をイチから研究した。与えられる練習メニューをこなすのではなく、強くなるための練習内容を自分たちで考えた結果、玖島《くしま》中学ソフトボール部は中体連の地区大会で優勝。市内でも有数の強豪チームに成長した。

やがて練習の時に、下級生の女の子が大勢見に来るようになった。目的は長与千種先輩だった。「男っぽい。サバサバしている。かっこいい」と憧れの的になった。下級生たちは千種の中に、自分とは違う何かを見たのだ。

それ以来、千種の周囲には常に下級生がいた。女の子同士の交換日記が流行した時には、何冊も掛け持ちしなくてはならなかった。

親戚の家で小さくなって暮らし、同じクラスの女の子からも相手にされない自分が、なぜ下級生から愛されるのか。その理由を千種は深く考えざるを得ない。十四歳の少女に答えを出せるはずもなかったが、自分のちょっとした仕草や笑顔に、後輩たちがいちいち反応することには気づいていた。

ソフトボールの試合中に、キャッチャーである自分がミットで顔を覆いつつピッチャーと話をする。すると後になって「あの時はどんな話をしていたんですか?」と必ず下級生たちに聞かれた。配球の話に決まっているのに、彼女たちは勝手に妄想を膨らませている。

いつしか千種は、下級生から見られていることを常に考えに入れつつ行動するようになっていた。

中二の夏、千種は両親のいる神戸を初めて訪れた。上三軒、下三軒の小さな安普請のアパート。二階の真ん中の六畳一間が両親の部屋だった。部屋に家具らしい家具はなく、電話帳を重ねた上に小さな赤いテレビが乗り、さらにその上に家族の写真が飾ってあった。室内をひと目見れば、仕事がうまくいっていないことはすぐにわかった。

両親は笑顔で千種を迎え、食事に連れ出してくれた。

「辛いことはないか? ご馳走食べてるか? ジュース飲んでるか?」と聞く母親に、千種は「うん、大丈夫」と答えた。両親の虚勢を自分が崩すわけにはいかなかった。

父も母もどんどん遠くなる。自分をひとり残して、手の届かないところに行ってしまう。もう心から怒れない。心から泣けない。心から甘えられない。この日から、千種は両親にさえ遠慮なく話すことができなくなった。

新しく預けられた母の兄の家は、以前と何も変わらなかった。ギャンブル好きの伯父が、神戸の両親が送ってくる六万円の生活費用をしばしば使い込んでいることに千種は気づいたが、何も言えなかった。神戸の小さなアパートを見て以来、お金のことを口にするのがイヤになっていた。口にすれば自分がみじめになるだけだった。

両親は時々千種を訪ねてきた。ある日母親がやってくると、千種は伯父の子供とケンカをして庭に追い出されたところだった。母親は庭で泣いている千種を見て怒り、兄に抗議しようと千種を連れて家に入った。食卓を見れば、千種の皿の上には冷えたインスタントハンバーグがひとつだけポツンとのっていた。

母親は逆上し、家を出ると千種を連れて焼き肉店に入り、千種の前に肉の皿を並べて「さあ、食べなさい」と言った。

千種は涙が止まらなかった。これまでも不幸だったが、この時ほど自分の不幸を感じたことはない。いまさら肉を食べたところで何になるだろう。インスタントハンバーグなどどうでもいいのだ。

どうしてお母さんにはわからないのだろう。

もう手遅れだということが。すべてが、最初から間違っていたことが。

しかし、千種には何も言えなかった。

母親は遠くまで、自分の声が聞こえないところまで行ってしまったのだ。

## お前らは商品だ

学校で二泊三日のキャンプに行く時にも、両親に金を送れとはいえなかった。みんなが新しい服を着る中、千種はひとりよれよれのジーンズと色の褪せたトレーナー、薄汚れた運動靴だった。キャンプの後は、なおさら金のことを考えるのが嫌になった。

進路を決める時期が近づいていた。三者面談の時、千種は「医者になりたい」と教師に希望を述べた。喘息や小児結核の時に何度も助けてもらったからだ。だが「家一軒分の学費がかかる」と言われれば断念せざるを得ない。

父親は「山梨県の本栖湖にある競艇学校に行け。俺の同期が教官をしているから」と言ったが、まったく興味を持てなかった。

結局、長与千種の進むべき道は、女子プロレスしかなかったのだ。

中学の卒業式では、下級生たちが泣いて別れを惜しんでくれた。人気のある先輩が卒業する時には、セーラー服のスカーフやボタンを後輩たちがねだるのが普通だが、千種の場合は少し違っていた。涙で顔をベトベトにした下級生は千種のスカーフを奪い取ろうとはせず、逆に自分たちのスカーフを胸から外して結び合わせ、白く長いレイのようにして千種の首にかけた。

白いレイをマフラーのように幾重にも首に巻き、プレゼントでパンパンに膨らんだカバンを脚にぶつけながら、千種は卒業式の校門を出た。

卒業後まもなく、千種は上京して目黒にある全日本女子プロレスを訪れた。オーディションを受けるためだ。

全女のオーディションは毎年十二月に行われる。つまりとっくに終わっていたのだが、長崎県の田舎には、そんな情報などそもそも入ってこなかった。

行けば合格するとばかり思っていた千種は困り果て、父親の知り合いのプロモーターや市議会議員に全日本女子プロレスへの推薦状を書いてもらった。

「この子は空手を長く続けて段位も取っている。一度彼女の夢であるプロレスのマットを踏ませていただけませんか」という内容だった。

腹筋や腕立て伏せ等の実技テストには何の問題もなく、入門はすぐに決まった。

新人レスラーのための合宿所は、目黒にある全日本女子プロレスの事務所の屋上に建てられたプレハブ小屋だった。新人の仕事は練習をすることだ。だが、一階にある練習用リングはコンクリートの上に薄いラバーを敷いただけの簡素なつくり。生まれて初めてブリッジの練習をすると首がまったく動かなくなり、食事の時には手で支えなくてはならなかった。

受け身を取り始めて数日経つと、全身に痣《あざ》が出てきた。合宿所の風呂は先輩が使うから、自分たちは銭湯に行く。無数の紫斑を作っている千種たちを見て、女性客が怪訝な表情を浮かべた。

「この子たちはプロレスラーの卵で、毎日受け身をとるから痣ができちゃうのよ」

番台のおばさんが助け船を出してくれた時には救われた思いがした。

練習中、身体が痛くて動けない時にはコーチの松永健司から「脱げ！」と命じられた。とまどう千種に「いいから脱げ！　何を恥ずかしがってるんだよ。お前らは商品なんだから、こっちは何とも思ってないんだよ」と言う。

とりあえずジャージとTシャツを脱ぐと、コーチは特大の容器に入ったサロメチールを手ですくい、千種の全身に塗りたくった。「これ塗ってりゃ治るんだよ」

この時の全身がヒリヒリした感じ、痛さ、熱さは今でも忘れられない。それ以来、男の前で裸になる恥ずかしさはなくなった。

## 雑草組

日本の女子プロレスは、戦後まもない頃にロープもないマットの上で太腿にはめたガーターを取り合う「ガーター争奪戦」から始まる。意外なことに、力道山の日本プロレスよりも古い歴史を持っているのだ。

全日本女子プロレスの経営者は松永兄弟である。

三男の松永高司会長が天皇として君臨し、次男の健司と五男の俊国は営業担当。四男の国松が現場マネージャーとして選手に接する。

通称全女は軍隊のようなところだ。士官候補生と一兵卒の間には明確な一線が引かれている。プロ野球でいえば、ドラフト上位指名組とドラフト外の違いだ。

十二月のオーディションでトップ合格した北村智子（後のライオネス飛鳥）や大森ゆかりは最初からジャッキー佐藤やジャガー横田の下につけられ、未来のメインイベンターとして英才教育を受けた。常に遠征に同行し、多くの試合経験を積み、試合給も支払われた。

だが身体が細く、正規のオーディションを経ていない長与千種は松本香（ダンプ松本）、本庄ゆかり（後のマスクド・ユウ、クレーン・ユウ）らと同じ雑草組。スター選手に接する機会もなく、遠征に連れていかれることもなく、経験も積めず、当然試合給ももらえない。遠征に行く選手たちがバスで出発する時や帰ってきた時には、必ず全員で送迎するが、先輩の顔をジロジロと見るなと注意されるから、頭は下に向けたままだ。

下ばかり見ていると、パンタロンスーツとロンドンブーツが目に入った。隠れて少し目線を上げるとサングラスの横顔があった。

「この人はテレビで見たことがある。ジャッキー佐藤だ！　小さい頃、会場で見たこともある。偉くなったら、こんな風になっちゃうんだ！」

千種は興奮した。

新人の基本給はわずか一万円。一九八一年の一万円はいかにも少ない。合宿所は自炊で、米だけは支給されるものの、おかずや調味料はすべて自費で購入しなくてはならない。金のない雑草組は夜遅い時間に酒屋に行き、ビールやコーラの大瓶を盗んだ。朝になって、盗んだ瓶を同じ酒屋に持って行くと、一本三十円か四十円で引き取ってくれた。酒屋のおじさんはすべてを知っていて騙されてくれたのだろう、と千種は今になって思う。

酒屋でもらった金を持って八百屋に行き、じゃがいもだけを買ってふかして塩を振って食べ、マヨネーズを直接ご飯の上にかけた。経理担当の女性からは「あなたたちはお米を食べ過ぎです！」と叱られたが、米しかないのだから仕方がなかった。

つらい日々を共に過ごせば、そこには絆が生まれる。（昭和）五十五年組と呼ばれる同期十三人、特に松本香や本庄ゆかりは、千種にとって何者にも代え難い仲間であった。

だが同期の絆は、千種が思っていたよりもずっと細いものだった。

## お前らの代わりはいくらでもいる

一九八〇年五月十日、大宮スケートセンター。プロテストに合格した日付と場所を、千種は今もはっきりと覚えている。試合開始前のガランとした会場では、ジャッキー佐藤がリング上で歌のリハーサルを行っていた。テレビカメラが並び、華々しくスポットライトを浴びている。

「これはテレビで見たことがある」

千種は会場の隅で、ジャッキー佐藤が歌う姿を呆然と眺めていた。

歌のリハーサルが終わると、プロテストが始まった。先輩たちが観客席にバラバラに座り、テスト生を品定めしている。放送席には、全女を経営する松永兄弟が並んだ。

初めて本物のリングに上がった千種は、習った受け身を披露した。前受け身、後ろ受け身、横受け身、空転と呼ばれる回転受け身である。リングが柔らかい。受け身を取ると身体がバウンドする。合宿所の硬いゴムマットとはまったく違う感触だった。これがプロレスのリングなのだ。

受け身の後はスパーリングだ。千種は基本的な技だけを使って、六、七人のテスト生と次々に戦った。テストが終わると、着ていた黄色のTシャツの襟首が伸びきっていた。武蔵小山商店街で二枚五百円で買ったものだ。

スパーリングが終わり、リング上で直立不動で立っていると「長与千種」と名前を呼ばれた。合格したのだ。

プロテストの合格者はリングから下り、放送席に座る松永兄弟の前に呼ばれた。兄弟のひとりが投げかけた言葉は、千種にとって意外なものだった。

「お前らの代わりはいくらでもいる。使えないと思ったらすぐに田舎に帰ってもらうからな。いつおシャカになるかな?」

この世界の厳しさを知った千種だったが、それでも心は躍った。赤い公衆電話に十円玉を何十枚も入れて両親に電話した。

「プロテストに合格した。これから初めて『プロレスのリング』のそばにつけることになったから」

千種はその日の第一試合からセコンドについた。皆が赤と白のお揃いのジャージを着る中、千種はひとりよれたTシャツと既製のジャージだった。ライトが熱く、眩しかった。

先輩レスラーに出番を知らせ、先輩が入場する際には選手に触ろうとするふとどきな輩《やから》の手を払いのけ、コールを受けた選手がロープ越しに投げるガウンを床に落とさないように受け取り、投げ込まれる紙テープを大急ぎで片づけ、疲れた選手には水を、悪役選手には凶器を渡す。場外乱闘の際には客がケガをしないように場内整理をし、物を投げる客には注意する。リングサイドで写真を撮ろうとする客は追い払い、試合が終われば汗で濡れたリングを拭く。負けた選手が立てなければ背負って控え室に戻る。以上がセコンドの仕事である。

ところが、誰も仕事のやり方を教えてくれない。まごつく千種は「邪魔だ！」と突き飛ばされ、リングサイドでひっくり返った。千種は正式なプロレスラーになったその日から邪魔者扱いされたのだ。

長与千種の公式デビュー戦は一九八〇年八月八日の田園コロシアムと記録されてい

る。大森ゆかりに敗れて号泣した。

だが、実際にはその少し前に行われた平塚青果市場の試合に出場している。負傷欠場した選手の代役だった。

「水着持ってるヤツはいないか？」

ちゃんとした会場でデビューしたい千種は口をつぐんだ。

「持ってるだろ！」

「はい」

詰問され、思わず頷いてしまった千種は、有無を言わさず着替えさせられてリングに上がると、先輩レスラーにボコボコにされた。鼻血が流れ、口の中が切れた。惨めだった。

試合に出た千種の給料は五万円に上がり、うち寮費の五千円が引かれた。千種は二万円を支払って、初めて白いリングシューズを作った。

## 全女の知られざるルール

プロレスとは徹頭徹尾ショーであり、見世物である。勝敗はあらかじめ決められており、ふたりのレスラーは観客を喜ばせるために一致協力して試合を盛り上げる。

この世界的な常識が、しかし全日本女子プロレスに限っては通用しない。

当時、若手のために用意されたタイトル、すなわち新人王、全日本ジュニア、全日本シングル王座のすべては、驚くべきことに独特の押さえ込みルールの下に行われる真剣勝負であった。

全女流の「押さえ込み」は、次のような手順で行われる。

若手選手たちの試合は二十分一本勝負である。あらかじめ決められた時間までは、ごく普通のプロレスを行う。五分の時もあれば、十分の時も、十五分の時もある。

リングアナウンサーの「〇〇分経過」のコールを合図に「押さえ込み」が始まる。たとえばボディスラムでAがBをマットに投げつける。仰向けになったBは相手が触るまでは動いてはいけない。AがBの上に乗り、相手の両肩（肩胛骨）を三秒間マットに押さえつければAのフォール勝ちである。ただし、相手に乗る際に膝をついてはいけない。

下になったBは、Aが自分の身体に触った瞬間から、ブリッジ等あらゆる手段を使ってフォールを逃れようとする。ただし、押さえ込みの攻防が始まるのはAがBの身体に触れた瞬間からだ。それ以前にうつぶせになったりブリッジをすることは決して許されない。Bがフォールを免れれば攻守は入れ替わり、今度はBがAを攻撃する。

先輩と後輩が対戦すれば、後輩に先に攻めさせることが不文律となっている。

押さえ込みでは体重のある選手が圧倒的に有利だが、ジャガー横田のように小柄であっても首と背筋の力が強く、ブリッジがしっかりしているレスラーであれば、押さえ込まれる可能性は低い。

押さえ込みルールの試合は、観客が見て面白いものではまったくない。喜ぶのは松永兄弟だけだ。兄弟の中でも互いにライバル心を抱く四男の国松と末弟の俊国は常に賭けをしていた、と長与千種は証言する。

千種はこの押さえ込みが苦手だった。必死に練習した結果、ようやく少し勝てるようになった頃、同期の間でこんな話が持ち上がった。仲間の中にずっと試合に負け続けている子がいる。このまま負け続ければ、嫌気がさしてプロレスを辞めてしまうかもしれない。次の試合では、わざと負けてあげよう。

その子には内緒で、片八百長の話が決まった。対戦相手は千種だった。

千種は取り決め通りに負け、何も知らない仲間は飛び上がって喜んだ。

ところが試合後、千種はマネージャーの松永国松に呼ばれた。

「何をやった?」

千種の八百長はバレていたのである。千種はしらばっくれたものの、長年女子プロレスを見てきた国松の目はごまかせない。

「お前はプロレスに向いていない。荷物をまとめて田舎に帰れ！」

しかし話をするうちに、国松の口調は諭すようなものに変わっていった。

「孤独に強くなければチャンピオンにはなれない。孤独を知った者でなければ星はつかめない。人を蹴落としてでも這い上がろうとする気持ちがなければ成功しない。ここはそういう世界なんだ。お前が仲良しこよしでやりたいのなら、もう俺は何も言わない」

国松マネージャーの言葉を、千種は深く受け止めた。先輩に叱られても、会社から何を言われても、仲間がいればやっていける。そんな甘えの意識が、自分と同期の仲間たちをダメにしている。そう考えた千種は自ら「仲良しこよし」を離れ、同期の仲間から一定の距離を置いた。

その途端、同期たちの態度が一変した。食事に誘われることもなくなり、会話の輪にも入れなくなった。一緒にリングを掃除することさえ拒否された。

仲間はずれにされた十七歳の少女は、歯を食いしばって耐えるほかなかった。押さえ込みルールの試合でも、千種は負け続けた。

勝敗が出世に直結するのだから、誰もが真剣に押さえ込みを研究する。ずっと後になってから気づいたことだが、当時の千種は押さえ込まれると右にしか逃げられなかった。ある時、同期のひとりがそのことに気づき、情報は瞬時に同期全員に行き渡った。動きを読まれた千種は、連日のように仰向けでスリーカウントを聞く羽目に陥った。

全女が選手に求めるのは、女同士のリアルなケンカである。

リング上では激しいケンカを見せるものの、試合が終われば和気藹々《あいあい》。冗談ではない。女にそんな器用なことができるはずがない。リング上で激しい戦いを見せるためには、普段から険悪な人間関係を作っておく必要があるのだ。

そのように考える松永兄弟は、選手たちの精神状態をコントロールして、常に関係を悪化させる方向へと誘導していく。

強いライバル心をお互いに抱いている若手ふたりを見つけると、すぐにどちらかを抜擢する。抜擢された選手は遠征に同行して、百戦錬磨の先輩たちと試合を行う。

長時間のバスによる移動中も、会場に着いてからも、旅館に宿泊する時も、一番下の後輩として朝から晩まで先輩から無数の雑用を言いつけられ、虫の居所が悪ければ殴られる。先輩に殴られても反論は許されない。下を向いて「すみません」と従いつつ、いつかリング上で殴ってやろうと心に誓う。先輩からすれば、飲み込みの悪い後輩を殴るのは当然である。誰もが通ってきた道であり、有望な後輩レスラーは自分の地位を脅かす存在なのだ。

試合中はもっと緊張する。いくら危険を感じても先輩の技は受けなくてはならない。受ける前にディフェンスすることは決して許されない。相手の技を避ければ罰金を取られる。

頸椎《けいつい》損傷が一番怖い。必死に受け身を取るものの、頭から真っ逆さまに落とされればどうしようもない。相手が受け身を取れるように落とすことはレスラーにとって最低限のルールだが、ルールを守るかどうかは先輩の胸三寸なのだ。

あらゆるマイナスの感情をぶつけあう炎の中で、全女の選手たちは精神的にも、肉体的にも鍛え上げられていく。

一九八六年にジャパン女子が旗揚げするまで、女子プロレス団体はただひとつ全日本女子プロレスしかなかった。全女を去ることは、そのままプロレスラー引退を意味する。

ジャンボ堀は新人の頃、足首を粉砕骨折する重傷を負い、「痛いから病院に行かせて下さい」とコーチに必死に頼んだが「サボるんじゃないよ」と縄跳びをさせられた。

ライオネス飛鳥もまた、アバラ骨を骨折したことがあったが、自転車のタイヤのチューブを開いて幾重にも巻きつけて、何でもないフリをした。試合に出してもらえなくなるからだ。「無理したら一生歩けなくなりますよ」と医者に一カ月の絶対安静を言い渡された時にも一週間で戻った。

全女とは「狂犬を作るためのシステム」（長与千種）なのである。

だが一方では、大勢の同期の中から自分ひとりが抜擢されたことは、若い選手にとって大きな誇りでもある。態度には出さずとも、残された同期との間には徐々に溝ができてくる。

フロントはさらにひとり、またひとりと、遠征メンバーをピックアップしていく。残された選手は「みんなが抜擢されていくのに、どうして自分だけが残されるのか？」「自分は見捨てられてしまったのか？」と激しい嫉妬と焦燥に駆られる。

最後まで取り残された長与千種の精神状態は最悪だった。

たまに先輩と試合をする時にも、得意の空手はロクに使わせてもらえず、「回し蹴りは胸板以外に入れるな」「踵《かかと》は危ないから足の裏で蹴れ」と言われる。胸板はもっとも痛みを感じない場所であり、足裏での蹴りが効くはずもない。そんなものは空手ではない。

だが、先輩の言葉は絶対だった。

押さえ込みルールで負け続け、先輩の受けも良くない千種に向かって松永国松マネージャーは「お前は本当にだらしない。もう一回、新人からやり直せ。新人王戦に出ろ」と言った。「これで勝てなかったら、俺らも考えるから」

考えるとは「長与千種の引退を考える」ということだ。

後がなくなった千種は、必死になって後輩たちを倒して、なんとか一年遅れの新人王になったが、喜ぶ千種に国松は「当たり前だよ。後輩に、格下に勝ったって当たり前だろう？」と吐き捨てた。

どういう訳か、国松は千種に特につらく当たった。膝を痛めても休ませてもらえず、三十分フルタイムを歯を食いしばって耐え続け、なんとか引き分けた試合もあった。やりにくい相手とばかり続けて試合を組まれたこともあった。

先輩や同期、さらにフロントからもつらく当たられたストレスのためだろう、全身に湿疹が出た。「汚い。梅毒じゃないの？」「ライトに照らされると目立つからリングに立つな」と試合に出してもらえなくなった。薬を塗って介抱してくれたのは、先輩のデビル雅美だけだった。

右膝を亜脱臼してチケットのもぎりや売店に回された時には「売上金が足りない、

誰かが盗んだんじゃないのか」と大騒ぎになったことがあった。

仲間はずれの千種は真っ先に疑われた。バッグの中を調べられ、指紋まで採られた時には、怒りを通り越して情けなくなった。

まもなく復帰した千種は後輩の山崎五紀に勝ち、全日本ジュニア王者となったものの、さほどうれしくはなかった。同期の中では一周遅れの最終ランナーであることは、誰の目にも明らかだったからだ。

## 失意のどん底から

しかし、見ている人は見ているものだ。

福島で行われた試合の際に、リングのマットを支える板が折れたことがあった。

プロレスのリングは次のような手順で組み立てられる。

約八〇キロの鉄柱を四隅に、幹柱を中央に立て、組み立て式の鉄製枠で土台を作り、ワイヤーを張った上に長さ三メートル幅二五センチの桜材の板を敷き詰め、ゴム製のマットとフェルトを敷き、最後にシートを張って完成である。

重量級のレスラーがマットに叩きつけられれば、丈夫な板もたまには折れる。だが、試合を中断して板を交換することなどできない。セコンドについていた千種は、板が折れたことに気づくと、すばやくリングの下に潜り込み、折れた箇所を足で懸命に支えた。リング上の選手が足をとられるとケガをするからだ。

その一部始終を間近で目撃し、咄嗟《とっさ》の機転に感嘆した銀行員の渡辺誠一が、福島で「長与千種後援会」を結成したのである。前座選手に後援会ができるなど、前代未聞の出来事だった。

千種は涙が出るほどうれしかったが、周囲の選手たちは当然面白くない。

数カ月後、福島で「長与千種後援会」が主催する試合が行われることになった。

そのことを知った千種の同期たちは、対戦する後輩の立野記代《たてののりよ》に、押さえ込みにおける千種のクセや戦い方のすべてを教え込んだ。中心になったのは松本香、後のダンプ松本だった。松本香は、長与千種後援会のメンバーたちの前で、そして、後援会に招待されて神戸から福島までやってきた千種の両親や姉の前で、千種に大恥をかかせてやろうとしたのである。

後援会長の熱意は尋常なものではなかった。ラジオ福島や地元のテレビ局に働きかけた結果、福島県体育館は二千人の観衆を集めて超満員に膨れ上がっていた。

大歓声の中、千種が笑顔でリングに上がると、なんと同期十二人全員が、青コーナーにいる立野記代のセコンドについていた。

ライオネス飛鳥、松本香（ダンプ松本）、大森ゆかり、本庄ゆかり（マスクド・ユウ、クレーン・ユウ）、伊藤浩江（ワイルド香月、タランチェラ）、高階《たかがい》由利子、坂本和恵、奥村ひとみという同期たちのあまりの仕打ちに愕然とした千種は、試合開始からわずか十分、後輩の立野に上四方固めで完璧に押さえ込まれて全日本ジュニア王座を失った。

試合後、千種は帰京する全女のバスに乗らなかった。いくら促されても「もうプロレスを辞める」と首を横に振るばかりだ。松永国松マネージャーは「そうか。お前もしょせん負け犬のまま終わるんだな」と言い残して去った。

その夜、家族と同じ旅館の部屋に泊まった傷心の千種に向かって、父親は「もうプロレスは辞めろ」と言って泣いた。娘が気の毒でならなかった。

千種は驚いた。父親は世界一強い人間だと思っていたからだ。飲み歩いてケンカばかりしていたし、店にきたヤクザをつまみ出したこともあった。そんな父親が、母と姉の前で涙を流している。千種はもう少し頑張ってみようと思った。長与家の希望は、いまや自分にしかないのだから。

翌朝、後援会長の渡辺誠一に連れられて、長与は次の試合会場である東京三鷹へと向かった。

再びひとりぼっちになった千種のところに、まもなくライオネス飛鳥の持つ全日本シングル王座に挑戦する話がやってきた。

「強い飛鳥は同期も後輩も軒並み倒してしまった。挑戦するヤツが誰もいなくなったからお前が行け。負けるに決まってるけどな」

マネージャーの松永国松は千種にそう言った。

同期のトップランナーであるライオネス飛鳥が強いレスラーであることは誰の目にも明らかだった。身体も大きく、パワーも抜群で、スタミナも凄い。特に押さえ込みルールの試合では負けたことがなかった。だが、試合をする前から「負けるに決まっている」と言われる覚えはない。千種は屈辱に震えた。同期全員から嫌われている自分は、会社からもお払い箱にされようとしているのだ。

「わかった。もう辞めよう」

ついに千種は決意した。

しかし、辞める前にひとつだけしておかなくてはならないことがあった。

これが最後の試合になるのならば、一度だけでもいい。リング上で〝長与千種のプロレス〟をやっておきたい。

試合前夜、千種は対戦相手の飛鳥を事務所の応接間に呼び出してこう言った。

「自分は全女を辞めるつもりだ。明日が最後の試合になる。最後の試合くらいは、決まりごとを忘れてやってみたい。あそこを蹴ってはいけないとか、この技の次にはこの技を出さなくてはいけないとか、そういう決まりごとを一切抜きにして、自分たちが持っているものすべてをぶつけあう試合がしたい。『そんなのはプロレスじゃない』と先輩や会社から言われても構わない。自分は最後に『プロレスじゃないプロレス』をやりたい」

同期とはいえ、それまで千種と飛鳥にはほとんど接点がなかった。千種が寮に入ったのと入れ替わりに、飛鳥は寮を出てアパートを借りた。常に遠征メンバーに選ばれてきた飛鳥と、長く遠征に呼ばれず、居残りで練習し続けてきた千種の間には、計り知れないほどの大きな差があった。

飛鳥に自分の気持ちをわかってもらいたい、と千種が思ったわけではなかった。光り輝くエリートに、底辺を這い回る自分の気持ちが理解できるはずもない。千種はただ、自分の気持ちを吐き出さずにはいられなかったのだ。

「何をバカなことを言っているのよ。そんなこと、できるはずがないじゃない」

飛鳥はそう言ってすぐに席を立つだろう、と千種は覚悟を決めた。

ところが、飛鳥の言葉はまったく意外なものだった。

「あたしもずっと前からそう思っていた。このままじゃダメだと思う。だから明日の試合は、思い切りやってみる」

# 第三章　光り輝くエリート

スポーツ万能、天性のアスリートだった飛鳥は、早くから将来を嘱望された。
しかし、「客に伝わるものが何もない」と松永兄弟から酷評される。

ライオネス飛鳥、本名北村智子は一九六三（昭和三十八）年七月二十八日東京都杉並区に生まれた。

両親は智子が三歳の時に離婚している。数年に及ぶ裁判の末に、母親は慰謝料、養育費のすべてを放棄することで二人姉妹の養育権を得て、旧姓・北村幸子に戻った。智子が小学校に上がったばかりの頃だ。家計は看護婦である母親が担い、智子とひとつ上の姉静子の面倒を見てくれたのは祖母だった。

二歳の時、智子は小児結核にかかった。在宅で酸素吸入が可能な現在の治療体制はまだ確立されていない。当時、最新かつ最も有効な治療手段はステロイド剤の服用だった。母親はステロイドの量を何年もかけて慎重に減らし、小学校入学時にはようやくゼロにすることができた。

入学まもない六月、担任の女性教師は「もうすぐ父の日だから、お父さんの絵を描きましょう」と言った。父の顔を知らない智子は、真っ白な画用紙とクレヨンの箱をじっと見つめたまま動かなかった。

教師は智子の様子に気づかなかったが、授業終了のチャイムが鳴り、悔しさに涙を溢れさせる智子を見て「どうしたの？」と聞いた。

「先生、うちにはお父さんがいないから、絵なんて描けないよ」

泣きじゃくる智子に教師はようやく謝罪した。

「ごめんね。お母さんの絵でもいいのよ」

十分間休みの間に、智子は懸命に母親の絵を描いた。白衣を着て注射器を持っている。描き上がった絵を見た教師は「うまいよ」と褒めてくれ、みんなの絵と一緒に教室の後ろの壁に貼ってくれた。みんなが描く父親の絵がヒゲだらけだったり、鼻の穴が大きかったりする中、智子が描いた母親の絵はきれいに見えて誇らしかった。

智子が父親のことで泣いたのは、この時だけだ。

小学四年生の時、智子は箪笥の引き出しに現金書留が入っているのを見つけた。差出人欄には父親の名前があったが、封を切られていないことが、そのまま母の意志を示していた。以後、智子が父を思ったことはない。

父親の不在よりもずっと深く智子の心を傷つけたのは、自らの肥満だった。結核の治療で用いたステロイド剤の副作用である。

幼い頃は気にならなかったが、高学年になればそうはいかない。道を歩いているとどこからか必ず「デブ」という声が聞こえ、みんなが太った自分を笑っているのではないかと疑心暗鬼になった。

女の子らしい服装とは一切無縁。着てもまったく似合わなかった。肥満の理由が薬の副作用であることを知ると、今度は薬を与えた母を恨んだ。

智子の身体はひとつ上の姉よりも遥かに大きく、洋服は智子が着た後に姉のところに行ったが、それでも姉には大きすぎた。

小柄で気立ての良い姉は、不満をこぼすこともなく、わがままで神経質な妹の面倒を見てくれた。母親も祖母も病弱な肥満児を不憫に思い、希望があればできる限り叶えてやろうとした。

だが、同級生にそのような配慮があるはずもない。智子は彼らの無神経な言葉に傷つき、同情の視線にはもっと傷ついた。

体育の時間は大嫌い。ブルマーは絶対にはかなかった。身体検査では体重計に乗る時の好奇の視線がつらかった。プールのある日には本当に高熱が出て下痢をした。お陰でライオネス飛鳥はいまだに泳げない。

五年生の時、姉妹を可愛がってくれた祖母が亡くなった。連絡を受けて病室に入ると、いつも毅然としている母が大声で泣き叫んでいた。強い母が初めて見せた等身大の姿だった。

翌年、母親の転勤と共に一家は九州の大分市に移ったが、転校後わずか一週間で智子は登校を拒否するようになった。東京では長い時間をかけてようやく円満な人間関係を作り上げたのに、また初めからやり直さなくてはならないことが苦痛だった。

数日後、病院にいる母親のところに学校から連絡が入った。下の娘が登校していないという。母親は病院の勤務シフトをずらしてもらい、智子を毎朝校門まで引きずって行った。

朗らかな姉とは対照的に、妹は神経質で傷つきやすくコンプレックスの塊だった。祖母の遺影を毎日必ずまっすぐに整え、人が口をつけたジュースは決して飲まなかった。

引っ込み思案な少女を救ってくれたのは、毎日のように遊びにきてくれるクラスメイトと純朴な担任の先生だった。淡い初恋もそこで経験した。

一年後、母親は埼玉の国立療養所に転勤になり、北村家は再び首都圏に戻ってくる。

埼玉県蓮田《はすだ》市の中学に入学した智子は身長一六三センチ体重八〇キロと人並み外れて大きく、制服はオーダーするほかなかった。必修だった部活は渋々ソフトボール部に入った。

## テレビの中の未来

一九七六年秋、北村智子は何気なくつけたテレビに自分の未来を見た。ブラウン管の中でビューティ・ペアが戦っていた。ジャッキー佐藤とマキ上田がリング上で歌う姿に胸がときめき、試合で悪役に痛めつけられれば涙が出た。なぜだろう？　どうしてこの人たちは、こんなにも自信にあふれた表情をしているのだろう。どうして汗にまみれたふたりが、これほど美しく見えるのだろう。

ジャッキー佐藤を深く愛した智子は、「私もジャッキーさんのようになろう」と決意する。私は女子プロレスラーになるために生まれてきたんだ。そのためには、こんなに醜い身体のままじゃダメだ。

十二月に入ると、智子は自分の部屋にジャッキー佐藤の大きなポスターを貼り、その上に体重、ウエスト、胸囲、腕まわり等、ジャッキーのサイズをマジックで書き込んだ。

部屋のドアの前には本の入ったダンボール箱を積み上げ、二段ベッドを動かして、簡単には開かないようにした。トレーニングをしているところを誰にも見られたくなかったからだ。炭水化物と糖分は一切摂らない。食べたらすぐに運動した。トレーニングは朝昼晩の三回。小さな庭の芝生は深夜のうさぎ跳びでたちまちすり切れた。

正月が過ぎ、冬休みが終わる頃には、最初は十回も続けられなかった腹筋運動を三百回もこなせるようになり、一カ月前に八〇キロあった体重は六〇キロになっていた。

「努力して報われないことは何ひとつない」というこの時に得た自信は、北村智子、後のライオネス飛鳥の生涯の宝となった。

目標を達成したことで性格も明るくなり、友達も違うクラスにまでどんどん増えていった。プロレスラーになるためのトレーニングとして続けたソフトボールも、三年の時には部長になり、エースとして活躍した。

「中学を卒業したら女子プロレスラーになる」という智子の夢は実現に向かって加速していく。日曜日のたびにバスや電車を乗り継いで目黒にある全日本女子プロレスのオフィスに通い、試合会場に出発する選手たちを見送った。

通常、全日本女子プロレスのオーディションは十二月に行われる。夏の大会を最後にソフトボール部を引退した智子は、身体のコンディションを整えておく必要があった。

同じ頃、フジテレビが女子野球チーム「ニューヤンキース」を売り出そうとしていた。全女を中継するフジテレビにコネクションを作りつつトレーニングをするのも悪くない。そう考えた智子は、ヤクルトスワローズの監督だった広岡達朗の愛娘らと共にニューヤンキースに入団する。毎週水曜日、埼玉県蓮田から神宮のグラウンドに通う智子の背中には「受験勉強もしなさいよ」という母親の言葉が投げかけられたが、そんな状況で勉強に身が入るはずもなかった。

ところがこの一九七八年暮れ、なぜか全女のオーディションは行われず、人気が出なかったニューヤンキースもあっさりと解散してしまった。

失意の智子は、国立療養所官舎のすぐ裏にある埼玉県立蓮田高校（現・埼玉県立蓮田松韻高校）に仕方なく入学した。さほどレベルの高い学校ではなかったものの、女子では一番の成績だった。

智子の目標は年末に行われるオーディション。一年も身体を遊ばせておくわけにはいかない。姉と同じバレー部に入部した智子は、一七〇センチ近い身長を生かしてアタッカーとして急成長を遂げ、瞬く間に東海大学から推薦入学の話がやってきた。智子はまぎれもなくフィジカルエリートだったのである。

しかし、すでに智子の目はバレーボールではなく、女子プロレスに向けられていた。

堅実な職に就いてくれることを望む母親は、智子が女子プロレスのオーディションを受けることに大反対したが、姉が説得してくれた。「智子が合格するはずがない。落ちれば納得するのだから、受けさせてみればいいじゃない」

結果は見事合格。しかもトップの成績だった。高い身長、肥満体を引き締めて作り上げた豊富な筋肉群、そして生来の運動神経。北村智子は正に十年に一人の逸材だったのである。

智子が高校中退を申し出ると、担任の教師は智子を諭すように言った。

「お前な、プロレスって八百長なんだぞ。そんな世界に行ってどうするんだ？」

「絶対に八百長なんかじゃない！」

泣きながら訴える智子を翻意させることは不可能だった。もはや母親にも止めることはできず、智子はまもなく高校を辞めて目黒にある全日本女子プロレスの寮に入った。

希望に満ちあふれた輝かしい日々がスタートした。ジャッキー佐藤への道は、いまや目の前に一直線に伸びているのだ。

## 星は交替する

一九八〇年初頭に全日本女子プロレスに入門した北村智子は、全女最高峰の赤いベルトを腰に巻くWWWA世界シングル王者のジャッキー佐藤と、智子の二歳年上の若手の有望株である横田利美《りみ》のグループに入れられた。いわば士官候補生である。

智子の身体能力は高く、全女に入門してまもなく行われた恒例のマラソン大会では、常に一番だったジャッキー佐藤に「憧れの人を抜いちゃいけないかな」と遠慮して二位。合宿中のマラソン大会では、ゴール直前で横田利美を抜こうとした時にヒジ打ちを食らってやはり二位だった。翌年正月のマラソン大会で一位になると、以後は誰にもトップの座を譲らなかった。

横田利美、後のジャガー横田は、当時の北村智子を次のように評している。

「エリート中のエリートでしたね。決して美人ではないけれど、明るくて、優しい気持ちが顔に出る魅力的な子。無類の負けず嫌いで、いつも一番になることに執着していました」

智子が入門して約一年後、一九八一年二月十五日の横浜文化体育館では、全日本女子プロレスの歴史に永遠に残る試合が行われた。

ジャッキー佐藤に横田利美が挑戦したWWWA世界シングル選手権試合である。

この試合には全女独特の押さえ込みルールが採用された。

つまり、真剣勝負で行われたのである。

「全女特有の押さえ込みルールは清美川《きよみがわ》梅之《うめゆき》が持ち込んだものだ」と長年フジテレビの実況アナウンサーを務めた志生野温夫《しおのはるお》は証言する。清美川は横綱双葉山を倒したこともある元大相撲力士だが、後にプロレスラーに転向して黎明期の日本プロレス界を支えた。志生野によれば、マッハ文朱もビューティ・ペアも、スパーリングではこの押さえ込みルールで戦ったという。

だが、全女が観客の目前で押さえ込みルールを採用したのは、横田が新人として入団した一九七七年からだ。

ビューティ・ペアの人気爆発によって大量に入団した新人を格付けするために、それまでは道場の中だけで行われていた押さえ込みの試合をリング上で行うことにしたのである。

押さえ込みルールの試合は見ていて面白いものではなく、観客を興奮させることはできない。だからこそ若手の試合に限定された。

ジャッキー佐藤と横田利美の試合が異様なのは、全女最高峰の赤いベルトを争うメインイベントに、押さえ込みルールを採用した点にある。

七九年二月にビューティ・ペアが解散すると、ジャッキー佐藤の人気は急落した。全女を経営する松永兄弟はトップの入れ替えを図り、ジャッキーに引退を勧告したが拒否された。そこで松永兄弟はこの試合を押さえ込みルールによる真剣勝負で行い、実力で決着をつけさせることにしたのである。

横田利美が押さえ込みルールで無敵の強さを誇ることは、これまでの試合を見ても明らかだった。一方のジャッキー佐藤は、リング上で押さえ込みルールの試合を戦った経験はほとんどない。身長一七三センチのジャッキー佐藤と一六〇センチの横田には大きな体格差があるが、それでも横田が勝つだろう。観客の目前で敗れれば、頑固なジャッキー佐藤もさすがに引退せざるを得ない。松永兄弟はそう考えたのである。

六十分一本勝負。時間切れの場合にも引き分け防衛はなく、判定による決着という特別ルールが採用されたこの試合は、一見、ごく普通のプロレスに見える。

場外乱闘、人間風車、コブラツイスト、アルゼンチン・バックブリーカー、弓矢固め、ロープに振って戻ってきたところにヒップアタック……。

いつもの試合と違うのはフォールだけだ。相手が上に乗り、フォールの体勢になった途端、下になった選手は、レフェリーがカウントを取り始める前にブリッジをして逃れてしまう。
この試合は試合開始から押さえ込みルールで行われていたのである。

二十九分五十秒、ボディスラムからの体固めによって、横田利美は松永兄弟の期待通り、完璧にジャッキーを押さえ込んだ。レフェリー松永俊国のスリーカウントが入り、ゴングが乱打された瞬間、観客席は静まり返った。通常の試合のような盛り上がりのないまま、あっさりと勝負がついてしまったからだ。セコンドにいた選手たちも呆然となった。

ジャッキー佐藤はどこかサバサバとした表情で横田と握手をすると、さっさと控室に引き揚げてしまった。

レフェリー松永俊国に高々と手を掲げられ、赤いベルトを腰に巻き、大トロフィーを抱えた十九歳の横田の表情にも、王者となった喜びは一切見えない。観客のまばらな拍手に緊張した表情で応えるだけだ。

この試合から三カ月後の五月二十一日、ジャッキー佐藤は二十三歳の若さで引退した。小さな清水市鈴与記念体育館（現・静岡市清水総合運動場体育館）には、わずかに小さなアーチひとつがつけられただけ。一時代を築いたスーパースターの引退興行とは思えない寂しさだった。

フジテレビの実況中継を担当する志生野温夫アナウンサーは、偉大なるジャッキー佐藤の最後の試合を見送ろうと早めに会場入りしたが、松永兄弟は試合開始ギリギリまで会場にこなかった。朝から全員で釣りに出かけていたのだ。

「松永兄弟は一代を築いた大選手への敬意を欠いていた。時代を作った選手の最後はいつもみじめなものだった」と志生野は振り返る。

全女は八百屋のようなものだ。鮮度が落ちれば棚の野菜を入れ替えるのは当然だ。古くなった野菜を捨てるために金をかけるバカはいない。

ジャッキー佐藤の引退と前後して、池下ユミ、ルーシー加山、マミ熊野、シルバー・サタンといったビューティ・ペア時代のスター選手のほとんどが引退を余儀なくされた。

## 客を呼べない王者

ジャッキー佐藤が引退すると、全女のリーダーは横田利美になった。

チャンピオンとなってまもなく改名したジャガー横田はプレッシャーのためにガリガリに痩せ、体重は五〇キロを切ってしまった。

「ジャッキーさんのように観客を魅了する力は自分にはない。そんな自分が全女のトップでいいのか?」「赤いベルトの価値を上げるためには何が必要なのか?」

ジャガーは何度も自問自答したが、答えを出せるはずもない。答えを出せないまま、ジャガーは誰よりも練習することを自分に課した。新人が参加する朝のトレーニングにも必ず参加して一緒にトレーニングを行うジャガーは、次代を担う北村智子にこう教えた。

「ワンセット五十回の腕立て伏せや腹筋は、必ず人よりも一回多くやりなさい」

そうすれば一年で三百六十五回多くやることになるからだ。

赤いベルトを巻くためには、これほどの意識の高さが必要なのだ。

智子は感動した。

努力すれば強くなれる。強くなればチャンピオンになれる。その考えが正しいことは、横田利美が証明した。強いヤツが勝つ。それがプロレスなのだ。

もともと身体能力の高い人間が、意識の高い先輩を見習いつつハードトレーニングを行えば、強くならないはずがなかった。智子が押さえ込みの試合で負けたことはほとんどない。ブリッジは苦手だったが、背筋が圧倒的に強く、瞬発力もあったからだ。

智子がジャガー横田を練習で押さえ込むことはついに一度もなかったが、それ以外の相手には余裕で勝利した。

智子が観客の目前で押さえ込まれたのは一度だけだ。

地方の野外会場で、ワイルド香月（後にタランチェラ。本名伊藤浩江）に負けた。相手は膝をついて乗るという反則をしてきたが、レフェリーが見てくれなかった。控え室代わりのバスに戻る間中、ずっと涙が止まらなかった。

チャンピオンの愛弟子である智子が遠征に参加しなかったことは一度もない。当然試合給も入ったから、生活にもゆとりがあった。

そんな智子を同期たちは「いいよね、エリートは」とうらやましがったが、それは違うと智子は思う。

全日本女子プロレスの試合数は年間二百五十試合に及ぶ。これほど多くの試合数をこなしているプロレス団体は世界中探してもどこにもない。

試合のほとんどは地方会場で行われる。北海道の利尻島から沖縄南西諸島の石垣島、西表島に至るまで、日本全国、選手とリングその他の機材を乗せたバスを連ねて山奥でも谷底でも海辺でもどこまでも行く。

バスはいつしか舗装もされていない山道に入り、人家はポツリポツリとまばらになる。やがて草茫々の野原に到着すると、裏方がサッとバスを下り、ぐるりと幕を張りめぐらせる。十分もすれば特設会場のできあがりである。

若手がワッとトラックに群がって機材を運び出し、四隅に鉄棒を立て、板を敷き、マットを敷き、ロープを結べばたちまちリングが完成する。

椅子を並べ、座席番号が書かれた紙片を貼りつけ、しばらく待つうちにどこからともなく人がやってくる。ある人は自動車で、ある人は自転車で、あるいは徒歩で。近郷近在の人々が集まってくるのだ。

巡業メンバーの中で最も若い北村智子と大森ゆかりには、誰よりも多くの仕事があった。

移動用のバスの清掃やリングの設営や撤去やあと片づけ、ベビーフェイス（正義の味方）のセコンドにつけば先輩にタオルやサポーターや水を渡し、ヒール（悪役）の先輩につけばそれに加えて灯油缶やスチール椅子などの凶器を渡す。リングと控え室を何度も往復して次の試合を待つ選手に試合経過時間を知らせる。会場の売店ではパンフレットや人気選手のキャラクターグッズや本、レコードやCDを売る。

旅館に到着しても息は抜けない。先輩全員のお茶碗にご飯をよそい、風呂の順番を知らせるために風呂と先輩の部屋を往復する。

北村智子には、自分たちは誰よりも多くの仕事をこなし、ハードな練習をしているという自負があった。

強い、うまい、ガタイがいい、体力がある。すべてが揃っていなければ試合には出られない。自分と大森が試合に出られて、他の同期たちが出られないことには何の不思議もないのだ。

だが、気になることもあった。ジャガー横田は全女史上最も偉大な王者だが、女子プロレスに多くの観客を呼ぶことはできなかった。

全女の経営状態は極度に悪化し、旅館代を支払うのに興行収入や売店の売り上げを注ぎ込んでも足りず、松永国松マネージャーが財布の小銭までかき集めたこともしばしばあった。地方会場の観客がわずか十人ということさえあり、一試合目からメインイベントまで、場外乱闘の時に誰が一番椅子を倒せるかを競争した。

ビューティ・ペアの解散以降、フジテレビの「全日本女子プロレス中継」の放映時間は深夜に移行していたし、そもそもテレビ放映のない地域も多かった。テレビがなければ、興行を告知する手段は極めて限られる。ポスターを貼るくらいだ。

まばらな観客の前で、北村智子は懸命に戦い続けた。

## 強いが客に伝わるものがない

一九八〇年五月にデビューした北村智子は、十二月には大森ゆかりを破って新人王になり、翌年一月には空位となっていた全日本ジュニア王座を先輩の川上法子を破って獲得した。智子は全日本ジュニアのベルトを数回防衛した後、相手がいなくなって返上した。八二年七月にはマスクド・ユウ（本庄ゆかり）を破って全日本王者となっている。北村智子が同期の誰よりも強いことは明らかだった。

ジャッキーさんのようになりたい。お金持ちになりたい。有名になりたい。親に何かをしてあげたい。この四つが、女子プロレスラー北村智子の願いだった。

強くなれば、チャンピオンになれば、これらすべてが手に入る。そしてチャンピオンへの道は自分の前に大きく開かれている。そう信じて疑わないエリートの最初の挫折は、デビュー二年目、ライオネス飛鳥というリングネームをもらった頃にやってきた。

試合で膝の靭帯を伸ばしてしばらく休養し、ようやくリングに復帰した時、マネージャーの松永国松からこう言われたのだ。

「お前は確かに強い。技もすぐに覚える。でもお客さんに伝わるものが何もなく、見ていてまったく面白くない」

ショックだった。試合にはずっと勝ってきた。練習も人より多くやっているつもりだ。弱いのならば練習して強くなればいい。だが、面白い試合をするためにはどんな努力をすればいいのか？　飛鳥には見当もつかなかった。

押さえ込みで必要なのは強さだけだ。ライオネス飛鳥は、押さえ込みルールの試合ではジャガー横田とともに全女史上最強選手のひとりだった。

しかし、プロレスは観客の存在を前提としている。

試合を通して観客に自分の感情と痛みを伝え、はっきりとした起承転結の物語を提示し、観客に次の展開を予測させた上で「この選手の次の試合を見てみたい」と思わせること。それこそがプロレスラーの技量なのだ。簡単な仕事ではない。

恐ろしく強いライオネス飛鳥には、感情と痛みと物語を観客に伝える力、すなわち表現力が不足していたのだ。

全女を経営する松永兄弟は、観客からの支持が少ないライオネス飛鳥をメインイベンターとして押し立てていくことに躊躇した。飛鳥とタッグチームを組む予定で、お揃いのリングシューズまで作った同期の大森ゆかりは、先輩アイドルレスラーのミミ萩原とタッグを組んで瞬く間にＷＷＷＡタッグ王者になった。九カ月後にミミと大森のチームを破ってチャンピオンになったのは、デビル雅美とタッグを組んだ同期のタランチェラ（伊藤浩江）だった。

同期のトップランナーを自負していたライオネス飛鳥の自信がガラガラと崩れていく。

そんな時、はるか下に見ていた長与千種が「話がある」とやってきた。明日の全日本選手権では禁じ手のない試合がしたい、と言う。殴っても蹴っても、何をしても構わない。危ないことは確かだ。どんな試合になるかは自分にもわからない。でもそんな試合がしたいのだ、と。

望むところだった。禁じ手があろうがなかろうが、強い自分が弱い千種に負けるはずがない。お望み通り叩きのめしてやる。そして、若手の試合とは思えぬ激しい試合をして、自分の強さを松永兄弟と観客の目に焼きつけるのだ。

# 第四章　赤い水着

一九八三年に結成されたクラッシュ・ギャルズは女子プロレスを変えていく。
ゴールデンタイムでの中継が始まり、女子中高生が熱狂する。

一九八三年一月四日、後楽園ホール。この日のメインイベントはＷＷＷＡ世界シングル王者ジャガー横田がジュディ・マーチンの挑戦を受けるというものだったが、それよりも遥かに重要な試合が前座でひっそりと行われていた。

全日本シングル王者のライオネス飛鳥に長与千種が挑戦した一戦である。

強いだけで退屈なレスラーという烙印を押された王者。

弱い上に魅力もない落ちこぼれの挑戦者。

しかし飛鳥と千種のふたりは、共に不退転の決意でこの試合に臨んでいた。

実力以上の何かを観客に、そして全女フロントの松永兄弟に見せつけない限り、自分たちに未来はない。リングに上がった時の千種の目はふだんとは違っていた、秘めたるライバル心が現れていたからだろう、とライオネス飛鳥は言う。そして、おそらくは自分の目も同様であったに違いない、と。

ふだんと違うのは選手ばかりではなかった。ふたりがリングアナウンサーからのコールを受けた時に、わずかではあったものの観客から紙テープが飛び、声援が送られたのだ。

意外な観客の反応に勇気づけられたふたりは、ゴングと同時に試合に集中していく。張り手の応酬で始まり、やがて凄まじい蹴り合いへと変わった。相手の不意をついて顔面の急所にパンチを入れるという種類の試合ではない。あくまでもプロレスの範囲内の試合である。ただし、渾身の力を込めて殴り合い、蹴り合うのだ。

戦う内に、千種には飛鳥の顔が先輩たちの顔に見えてきた。

千種が殴り、蹴っているのは、自分を「汚い」と嫌う先輩たちであり、負け犬呼ばわりする松永兄弟であり、「キチガイ！」と吐き捨てた親戚の少年であり、庭に追い出した伯父であり、自分を「バーの子」と差別した同級生であり、教師であり、世間そのものだった。

飛鳥には千種の心の内部は見えない。それでも、千種が対戦相手以外の何かを蹴り続けていることは、ひしひしと伝わってきた。

飛鳥もまた、際限なく千種を蹴り続けながら、自分を取り巻く何かを破壊しようとしていた。押さえ込みルールによる真剣勝負を命じているのは松永兄弟であり、実力でWWWA王者にまで上りつめたのがジャガー横田だ。つまり、全女は実力社会なのだ。自分は近い将来、ジャガー横田を実力で破って赤いベルトを巻くつもりだ。ジャガー横田を破ることができるのはライオネス飛鳥しかいない。なのになぜ、松永兄弟は強い自分に「つまらない」などと言うのか。なぜ実力以外の価値基準を、ここにきて持ち出してくるのか。矛盾しているのは自分ではない。松永兄弟なのだ。

飛鳥と千種が戦った全日本選手権に段取りなど一切なかった。自分がやりたい攻撃を全力でやる。ただそれだけだ。飛鳥が場外で千種に強烈な蹴りを叩き込むと、ふたりの蹴り合いは次第に飛鳥優勢へと傾いていく。

飛鳥が千種を押さえ込み、レフェリーのスリーカウントが入ったのは、試合開始から十八分が過ぎた頃だった。

王者の防衛は順当な結果だった。千種は空手の有段者だが、身体は細く一般人並み。いかにもプロレスラーらしい飛鳥とは体格が違う。体重も飛鳥が遥かに重かったから、張り手の一発、蹴りの一発に重みがあり、その上飛鳥は押さえ込みルールの試合では無敵の強さを誇る。

これまでの試合と異なるのは、全力を出し切ったことと、観客が大いに沸いたことだった。ライオネス飛鳥は、勝ったことよりもそのことの方がうれしかった。

## 敗者の表情は恐ろしく魅力的だ

無我夢中で戦っていた長与千種が我に返ったのは、連打されるゴングの音が余韻を残して消える直前だった。

最初に天井が目に入った。反射的に飛び起き、リングに四つん這いになった。飛鳥の姿を探すと、レフェリーに手を上げられている。

そうか。自分は負けたのか。

負けた長与千種は、勝ったライオネス飛鳥を見た。射るような、燃えるような目だった。敗者の表情は、しかし恐ろしく魅力的だった。観客は負けた千種に、勝った飛鳥以上の惜しみない拍手を送った。

翌日、千種はマネージャーの松永国松のところに行った。

「プロレスを辞めたい」と言うつもりだった。

煙草を吸っていた国松は、千種が引退を口にするよりも前に、煙が目にしみて痛いという表情をしながらこう言った。

「やっとお前らしくなってきたな」

「えっ!?」

「お前はそうじゃないと面白くないんだよ」

すでに国松は、長与千種の中にプロレスラーとしての天性の素質を発見していた。

感情を表現する能力が卓越している千種は、試合に負けても観客を魅了してしまう。

勝者よりも、負けた千種の方に観客の目が引きつけられる。

国松が千種にことさらにつらくあたったのは、心中深く眠っている本物の感情をすべて吐き出させるためだった。

後援会が結成され、長与千種の第二の故郷となった福島で、押さえ込みに強い立野記代との試合をあえて組んだのは、国松が立野の勝利を確信していたからだった。立野はジャガー横田とライオネス飛鳥のグループに所属している。ジャガーと飛鳥を相手に日頃から練習していれば、千種に負けるはずがない。

後輩に負けて辞めていった選手などいくらでもいる。もし千種が辞めてしまうのなら、そこまでの選手だったということだ。

だが、そんなはずがない。あの女がプロレスを辞めるはずなどないのだ。

飛鳥の持つ全日本選手権に挑戦させる前、千種に向かって「負けるに決まっているけどな」と挑発したのもそのためだ。精神的に追い込んでこそ、この女は光り輝く。

飛鳥との試合で千種は本性を現した。ついに自分の感情を全開にしたのだ。面白くなるのはこれからだ。引退だって？　冗談ではない。ここで辞めてもらっては、これまでの苦労が水の泡だ。

プロボクシングの十回戦ボーイにまでなり、赤木圭一郎の主演映画のボクシングシーンで対戦相手を務めた経験を持つ国松は、ファイターがどのような言葉に反発し、発憤し、勇気づけられるかをよく知っている。元女子プロレスラーを妻に持ち、女という生き物の行動原理も知り尽くしている。たやすく手の内を明かすことはない。優秀な騎手の手綱は、最後の最後まで引き絞られているものだ。

## クラッシュ誕生

それからしばらくの間、長与千種はひとり悶々としていた。自分のすべてを出し尽くした試合を経験した後では、これまでのような決まりごとの多い試合には何の刺激も得られなかった。千種は何度も飛鳥との試合を再現しようとしたがダメだった。試合への集中力と緊張感と覚悟が、自分と相手の両方になかったからだ。

では、どうすればいいのか？

長与千種は、その答えを持っていなかった。

ライオネス飛鳥も千種と同様に、迷いの中にいた。

千種と戦った全日本選手権がいい試合だったことは間違いない。観客の反応もよかった。しかし、だからといって自分の中の鬱々とした部分がすべて払拭されたわけではなかった。

それでも、千種とタッグを組む回数が徐々に増えていった。

「ここから何かが変わっていくかもしれない」

聡明なるライオネス飛鳥は、自分の未来に差し込んできたかすかな光をすでに感じとっていた。

一九八三年夏、全女の頂点にはWWWA世界シングル王座の赤いベルトを巻くジャガー横田が君臨し、ナンバー2としてデビル雅美がオールパシフィック王座の白いベルトを巻いていた。

全女フロントが期待をかけた大森ゆかりは先輩のジャンボ堀とダイナマイト・ギャルズを結成、瞬く間にWWWA世界タッグ王者となったものの、爆発的な人気を得るには至らなかった。

ついに松永国松は、年明けの後楽園ホールで好試合を演じたライオネス飛鳥と長与千種のタッグチーム結成を決意する。兄の松永高司会長の了承を得て、本格的にふたりの売り出しをはかった。

新しいタッグチームの中心となるのがライオネス飛鳥ではなく、長与千種であることは、松永国松にとって自明だった。

現在全女のトップにいるジャガー横田が偉大なチャンピオンであることは誰の目にも明らかだ。小柄であるにもかかわらず、全身は鋼のように鍛え上げられ、無類のスタミナと強靭なバネ、優れたバランス感覚を持ち、実力で全女の最高峰ＷＷＷＡ世界シングル王者にまで駆け上がった。王者になってもハードトレーニングを怠らないジャガーは後輩たちの模範だった。

しかし、ジャガー横田は客を呼べないレスラーだった。

本来、プロレスはスポーツではない。スポーツマンは勝利だけを目指すが、プロレスラーが目指すのは勝利ではなく、観客を熱狂させることだからだ。ふたりのレスラーは一致協力して試合を盛り上げ、観客を熱狂させ、ハッピーエンドを提供する。観客が大いに満足すれば次の興行にも足を運んでくれる。

ところがジャガー横田がジャッキー佐藤を押さえ込んでＷＷＷＡの赤いベルトを巻いて以来、全日本女子プロレスを覆ったのは実力主義であった。

その結果はどうなったか。全日本女子プロレスの経営は危機的な状況に陥ってしまった。実力主義は破綻したのだ。

新しい全日本女子プロレスを作っていくためには、新しい発想を持つレスラーが必要であり、それこそが長与千種だった。

タッグチームの売り出しをはかるべく、国松は元デイリースポーツ編集局長であった植田信治コミッショナーを介して〝極真の龍〟と呼ばれた天才空手家・山崎照朝《てるとも》にふたりへの指導を依頼する。

デイリースポーツで格闘技ライターをしていた山崎は快諾、千種と飛鳥のふたりに「風林火山」の道衣を着せて八月十三日から三日間、伊豆の稲取温泉で特訓した。

真剣勝負の世界に生きてきた山崎照朝は、プロレスがショーであることをもちろん知っている。十の力で蹴れば相手にケガをさせるなら、三分に絞って使えばいい。急所を外して蹴ればいい、とふたりに教えた。

長与千種にとって空手は小学校から慣れ親しんだものであり、千種は天才空手家の稽古に生き生きと取り組んだ。だが、ライオネス飛鳥は空手に関しては素人である。プライドの高い飛鳥は、空手が長与千種のイメージに近すぎることに反発した。

「千種の物真似はしたくない。空手特訓をやめさせて下さい」

飛鳥はそう申し出たが、国松は認めなかった。

「すでに男子のプロレスでは、タイガーマスクが回し蹴りやローリング・ソバット（後ろ蹴り）を使い、小林邦昭や前田日明《あきら》も空手技を使う。打撃技は流行になっている。投げ技と固め技が中心の女子プロレスの中で、空手という打撃のイメージは新鮮な印象を与えるはずだ」

国松は飛鳥をそう説得し、社命に逆らえない飛鳥は渋々空手特訓を続けた。

かっこいいチーム名をつけようと頭を悩ませる二人に「クラッシュ・ビーというのはどう？」と提案したのはデビル雅美だ。以前に観たハチが人家を襲う映画のタイトルが、確かそんな名前だった。二人はその名前が気に入ったが、やがて語呂をよくしようと「クラッシュ・ギャルズ」に変えた。

## 赤と青

一九八三年八月二十七日は長与千種とライオネス飛鳥にとって特別な日となった。クラッシュ・ギャルズを初めて名乗り、後楽園ホールでＷＷＷＡ世界タッグ王者のジャンボ堀＆大森ゆかりに挑戦したからだ。

意外なことに、この日の後楽園ホールは超満員となった。

リング上で千種と飛鳥の名前がコールされると無数の紙テープが飛び交い「チグサ！」「アスカ！」という大声援が送られた。

昨日までは紙テープが飛ぶことなどほとんどなかった自分たちに、今日は大声援が送られている。千種と飛鳥は大いに驚いたが、王者である堀と大森はもっと驚いた。

六月十七日に旭川市総合体育館でデビル雅美&タランチェラ組からＷＷＷＡタッグのベルトを奪った堀と大森は、七月九日にはジュディ・マーチン&ベルベット・マッキンタイヤー組を破って久しぶりに東京に戻ってきたばかり。この日の後楽園ホールの主役は、自分たちになるはずだった。ふたりはフリルのついた可愛らしい水着を新調してはりきっていた。

ところが、いまや観客の声援は千種と飛鳥に集中している。

千種が出れば「チ・グ・サ！」

飛鳥が出れば「ア・ス・カ！」

少女たちのコールは途切れることなく繰り返された。

堀と大森は当然面白くない。

クラッシュ・ギャルズのふたりもまた、水着を新調していた。千種がデビル雅美にイメージを伝え、渋谷のチャコットに注文してもらったのだ。千種に金銭的な余裕はまったくなかったから、代金の三万円はおそらくデビルに借りたのだろう。水着の色は長与千種が赤、ライオネス飛鳥が青だった。千種は赤が好きだったし、飛鳥もジャッキー佐藤が着た青い水着を身につけることをためらわなかった。

試合開始のゴングが鳴り、最初にケンカを売ったのは千種だった。

先輩のジャンボ堀の顔を遠慮会釈なく思い切り張った。腹を立てた堀も渾身の力をこめて張り返す。その後は激しい殴り合い、蹴り合いが続き、試合は必然的にヒートアップしていく。

この試合は押さえ込みルールの試合ではなかった。すなわち王者組の勝利は最初から決められていた。

長与千種は全女流の押さえ込みに一貫して否定的だった。押さえ込みですべてが決まるのならば、受け身を取る必要はない。スクワットをする必要も、縄跳びをする必要もない。身体のデカい人間が圧倒的に有利だ。そんなものを見ても観客は喜ばない。観客はつまらない真剣勝負ではなく、面白いショーを求めているのだ。

プロレスは闘牛のようなショーでなければならない、と千種は考える。闘牛士の剣は深々と牛に刺さり、本物の血が流れ落ちる。本物の痛み、本物の血を見せてこそプロフェッショナルではないか。自分も本物の血を観客に見せたい。自分の痛みを観客と共有したい。観客自身に「痛い！」「苦しい！」と思わせたい。それを可能にするためには、どんなことでもしてみせる。

女子プロレスを永遠に変えてしまう危険思想が、長与千種の中に芽生え始めていた。

一本目をとったのは飛鳥だった。十四分、大森ゆかりから片エビ固めでギブアップを奪った。

二本目は千種がとられた。右膝を集中的に狙われ、ジャンボ堀にフォールされた。

三本目も千種がとられた。飛鳥が場外でパイルドライバーを出して大森を失神させたものの、千種が堀に放ったトペ（リング外へのダイブ）が飛鳥と同士討ちになり、意識を回復した大森の新技ブロックバスターに沈んだ。

クラッシュ・ギャルズは敗れたが、ひたむきで激しいファイトは後楽園ホールの超満員の観客を魅了し、後に年間ベストバウトを獲得するほどの好試合となった。

控え室に戻った千種と飛鳥は、お互いの顔を見て息を呑んだ。顔がパンパンに腫れ上がり、目はその下に細く埋もれている。唇は切れ、口の中も血だらけだった。

それでもふたりは大いに満足した。自分たちの戦いが観客を熱狂させたからだ。

観客が支持したのが勝者であるＷＷＷＡ世界タッグ王者ではなく、挑戦者のクラッシュ・ギャルズであることは明らかだった。

## プロレスは言葉だ

この試合が通常の試合以上にヒートアップしたもうひとつの理由は、長与千種の精神状態が普通ではなかったことにあった。試合当日は、母のスエ子が神戸大学医学部附属病院で子宮ガンの手術を受けた日だったのである。

「親の死に目には会えないからな」とは、以前から会社に言われていたことだが、千種はこの日、その言葉が本当であることを初めて知った。

母のガンは骨にまで転移していたから、骨盤を削り、子宮も膣も全部切除しなければならなかった。長時間の手術は試合が終わった後まで続き、「手術が成功した」と姉からの電話で聞いた千種は「私も頑張ったんだよ」と母への伝言を頼んだ。

二カ月後、入院先の神戸でイベントの試合があったから、千種は会社に事情を話して遠征メンバーに加えてもらった。

空き時間に病院に寄った。出血量の多さに加え、抗ガン剤の影響で、母にはまだ輸血が必要だった。「輸血に行ってきます」と千種が先輩たちに言うと「私たちの血も輸血してもらおうよ」と一緒に病院まできてくれた。

六人部屋の病室に入ると一番奥の窓際のベッドに母がいた。背中が小さい。

千種の記憶の中の母は、バーで接客する母だ。化粧を欠かさず、いつも白粉の匂いを漂わせていた。だが今、母は化粧っ気もなく、色気のまったくない病人服を着ていた。顔は小さくなり、髪には白髪が目立ち、表情は弱々しかった。あまりの変わりようにショックを受けた千種は、無言で母を抱きしめた。

手術のあとも見せてもらった。ヘソのあたりから恥骨の上まで、大きな傷あとが残っている。

「チコちゃんの生まれたところがなくなっちゃったね、ごめんね」

母は千種にそう言って謝った。

「そんなことはないよ、お母ちゃんはまだ生きているんだから」

千種はそう言おうとしたが、声にはならなかった。

この時、長与千種は「お金の稼げるプロになりたい」とはっきりと自覚した。

入門から三年半が過ぎ、もうすぐ自分は十九歳になろうとしている。これまで先輩を恨み、同期を恨み、松永兄弟を恨んできた。けれど、結局のところレスラーは個人事業主だ。自分が全女にとって必要不可欠な存在になればすべては解決する。

振り返れば自分には足りないところばかりだ。学ぶべきことは山ほどある。

長与千種はまず、プロレスのビデオを見ることから始めた。手持ちの金が尽きるまでビデオソフトを買いまくり、すべてのプロレス中継を録画した。ローンで購入したビデオデッキは、たった一カ月で壊れてしまった。

家賃が払えず困っていると、デビル雅美が「余っている部屋があるから貸してあげるよ」と言ってくれ、これ幸いと転がり込んだ。デビルの部屋には当時最新の有線リモコンつきビデオデッキがあり、ありがたくフル活用させてもらった。

たまの休日に一日中ビデオを見ていると、面白いことがわかる。

たとえばジャイアント馬場がタッグマッチを戦っている。ピンチに陥った馬場がコーナーにいるパートナーに助けを求めて手を伸ばす。

この時、伸ばされた馬場の手の平が下を向いていれば、パートナーは決してタッチしない。いまは交代する時ではないと、馬場の手の向きが教えている。手を伸ばすのはポーズに過ぎず、馬場はさらなる危機を演出しようとしているのだ。

だがもし、馬場が手の平を上に向けて手を伸ばしていれば、パートナーは即座にタッチして、馬場に代わってリングに入らなければならない。馬場は心からタッチを望んでいるからだ。衆人環視の中、プロレスラーは無数の身体言語と暗号を使って会話をしている。

プロレス雑誌はすべて買った。記者やカメラマンは観客の代理人である。記者は観客の思いを記事に綴り、カメラマンは観客が望む理想のアングルで写真を撮る。

長与千種は雑誌の写真を切り抜き、技ごとに分類してノートに貼り、さらにレスラーの印象的な発言を書き抜いた。

「俺はお前のかませ犬じゃない」という長州力の言葉は特に心に響いた。〝お前〟とはアントニオ猪木の愛弟子藤波辰巳のことだ。テレビで見る長州は恐ろしく不機嫌で、少し触れれば血が出そうな刺々《とげとげ》しさがあった。

プロレスは言葉だ。口から出るものばかりではない。相手にフォールされた時に、必死で跳ね返せば、観客には選手の闘志が伝わる。すべての技、すべての動きを言葉として観客に伝えること。それがプロレスラーの仕事なのだ。

観客は心に響く言葉を求めている。

クラッシュ・ギャルズ誕生以来、目黒にある全女の事務所には山のようなファンレターが届くようになった。その途端、国松を除く松永兄弟たちの態度が手の平を返したように変わった。自分たちを「金のなる木」と見始めていることは明らかだった。

ヤツらの都合のいいように使われてたまるか。自分は、誰も手が届かない高みにまで行くのだ。

クラッシュ・ギャルズにスポットライトが当たり始めていることを、先輩たちが面白く思うはずがなかった。試合の時には強く当たってくる。身体が大きく人当たりの良い飛鳥ではなく、華奢で協調性に乏しい自分に攻撃が集中する。

つぶされてたまるか。なめられないためには人気だけでは足りない。強くならなくては。だが、技を教えてくれる先輩はほとんどいなかった。

松永高司会長がその理由を説明してくれた。

「野球のピッチャーが、自分の得意な球の投げ方とか、ボールの持ち方を教えるか？みんな必死に自分で考えたり、見て盗んでいるんだよ」

長与千種は貪欲に学んだ。

ボクシングジムに通ったのはフットワークを教えてもらうためだ。すばやいフットワークで、瞬時に相手のバックを取るような動きがほしかった。

シュート・ボクシングのシーザー武志からはキックを学んだ。空手の蹴りとは異なる、鞭のようにしなる直線的な蹴りだ。

UWFの「関節技の鬼」藤原喜明とスパーリングした時には、文字通りおもちゃにされた。動くたびに関節を次々に極められて激痛が走る。一分間に何度ギブアップしたかわからない。

元タイガーマスクの佐山聡と前田日明からはスープレックス、つまり後方への反り投げを学んだ。興味深いことに、ふたりのスープレックスはまったく異なるものだった。同じフロントスープレックスで投げられても、佐山のスープレックスは滞空時間が長く、プロレス的なスペクタクルに溢れている。要するに見せるための投げだ。

反対に前田日明のスープレックスは抱えられた瞬間にマットの上に倒されていた。それでいて受け身はしっかりと取れている。

前田日明は長与千種にこう言った。

「ホンマにやろうと思ったら、一発で仕留めることができんねん。でもそれをやらずにギリギリのところで相手にしっかりと受け身を取らせるのもプロレスやねん」

ジャーマン・スープレックス・ホールドはプロレス史上最も美しく、危険な技だ。立っている相手の背後に回り、腰に手を回してそのまま真後ろに反り投げ、相手の後頭部をマットに叩きつけてそのままフォールする。

相手へのダメージを少なくするためには、投げて後ろが見えた瞬間にクラッチをゆるめ、相手を自分の腹の上でスライドさせなくてはならない。そうすれば相手はきれいに肩から落ちて、しっかりと受け身を取ることができるのだ。

プロレスラーたちは派手で、痛そうに見え、なおかつ相手へのダメージが少ない技を必死に研究している。相手と、そして自分自身を守るために。

ＵＷＦのレスラーたちがリング上で行っているのは、観客に見せるためのショーである。だが、道場で日常的に行っているのは、リアルファイトのサブミッションレスリングだ。さらに彼らは海外に武者修行に出かけ、言葉の壁や人種差別等と戦う中でレスラーとしての実力を磨いてきた。

一方、女子プロレスというジャンルが確立されているのは日本だけだ。アメリカやメキシコにも女子プロレスラーは存在するが、結局のところ彼女たちは男子レスラーの刺身のツマにすぎない。日本の女子プロレスラーには、海外武者修行の道など最初からないのだ。外国人から学んだ佐山聡や前田日明のことが、千種は心からうらやましかった。

長与千種はクラッシュ・ギャルズに男子プロレスの技を大量に取り込んでいく。タイガーマスクのジャーマン・スープレックス・ホールド、前田日明の多彩なスープレックスやフライング・ニールキック、シーザー武志の蹴り、長州力のサソリ固め等々。器用なライオネス飛鳥は、千種のアイディアをすぐに実現することができた。

さらに、ふたりには山崎照朝から教えられた空手があった。ロープに振った相手に千種と飛鳥が同時に放つダブルの正拳突きはクラッシュ・ギャルズの代名詞となった。

数年前、ビューティ・ペアなき後の女子プロレスの観客席をまばらに埋めていたのは男性ファンだった。セクシーな水着を身に纏ったミミ萩原が苦悶の表情を浮かべると、男性ファンは大いに興奮した。大阪府立体育会館では、ミミが大勢の男性ファンからもみくちゃにされ、唇を奪われ、水着の中に手を突っ込まれたことさえあった。

全日本女子プロレスは独自の押さえ込みルールが支配する実力社会であると同時に、エロチックな娯楽という一面を持つ奇妙なエンターテインメントだったのだ。

しかし、クラッシュ・ギャルズの誕生によって観客席は一変、大挙して押し寄せた女子中高生によって男性ファンは駆逐された。男子プロレスを知らない女子中高生のファンの目に、クラッシュが繰り出す多彩なスープレックスや華麗な蹴り、正拳突きは、信じられないほど新しいものに映った。

## 天才の開花

クラッシュ・ギャルズに新鮮なイメージを与えようと、長与千種は髪型や仕草の細部にまでこだわった。

クラッシュの基本イメージは「中性」である。

千種の中学時代、下級生たちは、男にも女にもなりきれない千種に憧れ、深く愛した。心の奥底で、自分が女であることを悲しんでいたからだ。

思春期は内なる性と向かい合う季節である。

思春期の少女たちにとって、女であることは屈辱でしかない。かといって男を愛すれば、自分が女でしかないことを突きつけられるだけだ。だからこそ少女たちは、女であることから自由な女を愛する。

中学時代の長与千種は、後輩たちからそのように見えたからこそ愛されたのである。

理屈ではなく、実感としてこの構造を知る長与千種は、クラッシュが少女たちに愛されるためには「中性」のイメージが必要だと考えた。

髪をストレートで揃えたのは、純粋で清潔な雰囲気を求めたからだ。時に幼く見えるほど可愛らしい女の子が、どうしてこんなに危ないことができるのか。傷つき、血を流しても、くじけることなく戦い続けることができるのはなぜなのか。「どうして?どうして?」と観客に驚いてもらいたかった。

リング上ではニコリともせず、闘志むき出しのイメージを出そう。試合中、野球の投手と捕手がやるような作戦会議をして、観客に「こいつらはこれから何をするつもりなんだろう?」とワクワクしてもらおう。

闘志に満ちあふれた凛々しい少女が、先陣を切って出て行く。見たこともないようなキックやスープレックスで雄々しく戦う。敵は強大かつ理不尽であり、美少女は散々に痛めつけられ、流血を強いられる。

しかし、美少女には固い友情に結ばれた強い友がいた。勇敢な友は偉大なる力を発揮して美少女を窮地から救い出し、ついにふたりは劇的な逆転勝利を得る。

長与千種が作り出したクラッシュ・ギャルズのプロレスは、ウルトラマンや水戸黄門のような単純な構図を持つ〝戦う少女たち〟の物語なのである。

クラッシュ・ギャルズ以前に「凜々しく戦う少女」が主役となることはなかった。「サイボーグ009」の003や「秘密戦隊ゴレンジャー」のモモレンジャーは、少年の世界観を一歩も出ることなく、少年にとって都合のいい脇役であり続けたし、ビューティ・ペアにおいても、女性的なマキ上田は男性的なジャッキー佐藤に庇護される存在だった。

クラッシュ・ギャルズと同時期の一九八〇年代半ばに映画「風の谷のナウシカ」（一九八四年）が登場し、男女雇用機会均等法が施行（一九八六年）されたのは決して偶然ではない。日本経済がバブルに向けて疾走していたこの時期、女性たちは自由と平等、そして戦いを求めていたのだ。

クラッシュ・ギャルズが新しかったのは物語ばかりではない。

プロレスのスタイルもまた、既成の女子プロレスの概念から一歩も二歩もはみ出すものだった。強い当たりのキックを使い、多種多様なスープレックスを練習もなしに使い、関節技はギブアップするギリギリのところまで攻める。

これまで女子プロレスには押さえ込みはあっても関節技など皆無だったし、ジャーマンを使うレスラーもほとんどいなかった。

ところがクラッシュは天龍同盟のサンドイッチ・ラリアット等、男子が出した最新の技を即座に取り入れ、次の大舞台では必ず出した。

クラッシュが次々に繰り出す技に全女の選手たちは対応しきれず、ケガ人が続出した。当然先輩レスラーは反発する。

女子と男子とではプロレスの魅せ方が違う。男子には体格でも迫力でも負けている。私たちは女子ならではの柔軟さと芸術的な美しさを打ち出していかなくてはならないのに、千種たちはすぐに男子の技を真似して使う。年に二百五十試合以上を戦わなくてはならないのに、ケガ人が続出すれば試合ができない。

口だけではなく、手も出すのが全女流だ。鼻の骨を折られ、太い血管が切れて蛇口から出る水のように大量に出血した時にはさすがの千種も驚いた。耳を蹴られた時は、あまりの痛みにちぎれて落ちたと思い、耳に手をやるよりも先にマットの上を探した。

回し蹴りをした時には、相手の肘に当たって足が反対方向に曲がってしまったこともあった。

全女のトップに君臨するジャガー横田が「あんなプロレス大嫌い」と吐き捨てた言葉を、実況アナウンサーの志生野温夫は確かに聞いた。

「志生野さん、あんな技についていくことはありませんよ。あんなのはプロレスじゃない。危険すぎる。千種を煽《あお》らないでください」

志生野も同様の考えを持っていた。ファンは千種のマニアックな技などひとつも理解していない。せっかく人気が出たのだから、対戦相手にケガをさせるようなプロレスは控えて、普通にやっていればいい。

志生野は長与千種に忠告した。

「みんなが千種やクラッシュとやるのはイヤだと言ってるよ。あんなにたくさん技を出したら、俺も実況できないじゃないか」

千種は言い返した。

「志生野さん、私は自分のプロレスをやります。技については勉強してくださいよ。プロレス中継のアナウンサーなんだから」

志生野が考えを改めたのは、ファンから大量の手紙を受け取った時だった。

「志生野さん、クラッシュが使う技の名前をちゃんと勉強してください」

ビューティ・ペアの時代、ファンは歌を聴きにきていた。プロレスの試合になるとシーンとしていた。だからこそ志生野は、女性ファンの関心は歌にあり、プロレスにはないと考えていた。

ところが、クラッシュ・ギャルズの若いファンたちは、長与千種によってプロレスの魅力に目覚めていった。

これは面白い、と志生野は思った。もし自分が二十代、三十代の若いアナウンサーであれば、ファンの要望に応じて、クラッシュが使う技の名前を必死に覚えたに違いない。だが、自分はすでに五十歳を過ぎている。だからあえてバカに徹して「志生野は年寄りだから千種の高度なプロレスにはついていけない。千種のプロレスはそれほど凄いのだ」ということにした。

アナウンサーに向かって「勉強してください」と言い、ファンを教育して女子プロレス自体を変えてしまったレスラーなど、それまでにひとりもいなかった。長与千種は巨人軍のONに匹敵する偉大なるプロスポーツ選手なのだ、と八〇歳を超えた志生野温夫は熱を込めて語る。

全日本女子プロレスは年間二百五十試合以上という恐るべきハードスケジュールで

動いている。日本武道館や横浜アリーナのような大会場の翌日にも小さな町の駐車場で興行を打つ。客層は土地柄によって大きく異なる。

長与千種は会場に着くと、まず天井を見る。中心がどこかを確認するためだ。二階があれば上がってみて、そこからリングを見たり、若手が練習する際の受け身の音を聞く。観客には何が見え、何が見えないのか。どんな音が聞こえ、どんな音が聞こえないのかを確かめるのだ。

自分の試合が始まっても、観客がさほど盛り上がっていないと感じれば、いきなり場外戦に持ち込む。投げられて一列目から十列目まで派手に吹っ飛んでいけば、パイプ椅子はガシャガシャガシャンと凄い音を立てる。どこかの皮膚が必ず切れて出血するが、それだけの価値はある。

一瞬でも「怖い」「凄い」と思わせれば、観客はもう自分のものだからだ。

相手の技から逃れるためにロープに手を伸ばす。長与千種は決して普通にはつかまず、ドラマチックに演出する。

やや広げた指先に力をこめて数センチずつ動かし、指を一本ずつ、第一関節から第二関節へとゆっくりとロープに乗せた上でようやくつかむ。その間、ずっと息を止めていなくてはならない。観客は自分が応援している選手に合わせて呼吸しているものだからだ。レフェリーがロープブレークを命じると、長与千種はそこで初めて深い息を吐き、観客も一緒に息を吐く。こうして観客は、千種と一体になって試合を戦っているような感覚を得るのだ。

他団体のプロレスはもちろん、宝塚やミュージカル、あらゆる演劇を見て目の配り方や動きを研究した。自分を最大限に表現するためには、頭のてっぺんからつま先まですべてを使う必要がある。

長与千種の天才が開花しつつあった。

## ゴールデンタイム中継

全女を経営する松永兄弟は、クラッシュ・ギャルズの売り出しを急がなかった。

八三年十一月二十九日と十二月九日の二日間にわたって行われたフジテレビ杯争奪タッグトーナメントに参加したクラッシュ・ギャルズは、タランチェラ&マスクド・ユウ組、デビル雅美&山崎五紀組をいずれも破って優勝を果たした。

八四年一月四日にはWWWA世界タッグ王者ダイナマイト・ギャルズ（ジャンボ堀&大森ゆかり）に二度目の挑戦。今度は六十分フルタイムドローと王者に肉薄した。

水面下では、クラッシュ・ギャルズの人気を最大限に爆発させるための準備が着々と整えられていた。

女子プロレス人気復活の手応えを感じたフジテレビは一九八四年七月、五年ぶりに女子プロレス中継をゴールデンタイム（関東では月曜七時からの三十分番組）に復帰させた。

八月二十一日にはデビューシングル「炎の聖書（バイブル）」も発売された。プロデューサーは飯田久彦、振り付けは土居甫《はじめ》。ピンク・レディーのコンビである。

千種や飛鳥が歌を歌いたかった訳ではない。全女を経営する松永兄弟も芸能界を嫌っていた。プロレスラーに歌わせたいのは、中継するフジテレビだった。「レスラーに歌わせなければ中継しない」という取り決めが、フジテレビと全女の間に存在したのである。

レコードデビューからわずか四日後の後楽園ホール、クラッシュは初めてリング上で「炎の聖書（バイブル）」を歌い、観客席を立錐の余地なく埋め尽くした女子中高生を熱狂させた。急いで水着に着替えると、ダイナマイト・ギャルズの持つＷＷＷＡ世界タッグ王座に三度目の挑戦を行った。

まだ親衛隊は組織されていなかったが、ハチマキとメガホンはすでに販売され、クラッシュの入場時には、少女たちが声を揃えて「チ・グ・サ!」「ア・ス・カ!」と叫ぶようになっていた。

胸に「CRUSH GALS」と描かれた赤と青の揃いのパンタロンスーツに身を包んだクラッシュ・ギャルズのふたりが再びリングに上がる。ズラリと並んだ花束嬢が、今日が特別な日であることを物語る。コミッショナー宣言もリングアナウンサーによる選手紹介も、大歓声にかき消されてほとんど聞こえない。

赤コーナーの大森ゆかりとジャンボ堀が先に紹介され、続いて青コーナーのクラッシュ・ギャルズがコールを受ける。

最初に紹介されるのは長与千種だ。華奢な千種は十九歳という年齢よりもずっと幼く見える。「胸を張り、拳を突き上げて紹介を受ける、泣かんばかりの表情、長与千種」という志生野温夫アナウンサーの表現は実に的確だ。千種が両手を高く掲げると、かつてない量の紙テープが乱れ飛んだ。

続いてライオネス飛鳥が緊張した面持ちでコールを受ける。「これだけのファンの声援が、本当に胸にこたえるライオネス飛鳥」という志生野アナウンサーの表現は、ここまでの飛鳥の苦悩を正しく伝える名調子だ。

リングアナと花束嬢がリングを下り、王者組が揃いのジャンパーを、挑戦者組がパンタロンスーツを脱ぐとすぐに試合が始まった。

ゴングの余韻も収まらぬ中を赤いピンストライプの水着で先発した千種は、かつて「犬のションベン」と嘲笑された足裏での蹴りをジャンボ堀に連発する。

千種は張り切っていた。今日はついに自分たちがベルトを獲得する日なのだ。蹴りが一発も当たらぬまま、千種が飛鳥にタッチすると、館内のコールは「チ・グ・サ！」から「ア・ス・カ！」に変わった。ビューティの時代のファンは歌だけを求め、試合中は後楽園ホール」と志生野アナ。ビューティ・ペア時代にもなかった大興奮、静まりかえっていた。だがいま、クラッシュはプロレスそのもので観客の心をつかんでいるのだ。

ジャンボ堀に代わった大森ゆかりは、大きな身体を利して飛鳥を投げ飛ばすものの、場外乱闘をきっかけにクラッシュ・ギャルズが反攻に転じる。

最後は長与千種がジャーマン・スープレックス・ホールドで大森ゆかりを沈めた。

クラッシュ・ギャルズの王座奪取に、後楽園ホールを埋め尽くした女子中高生たちは欣喜雀躍《きんきじゃくやく》した。

全日本女子プロレスとフジテレビのもくろみ通り、クラッシュ・ギャルズの人気は日本中で爆発した。瞬く間にスーパーアイドルとなり、芸能雑誌、一般の新聞や月刊誌、週刊誌、プロレス専門誌の取材に追われた。

テレビの歌番組に多数出演したのはもちろん、レコード会社対抗の運動会にも参加し、フジテレビの水泳大会でも活躍した。プロレスラーがアイドル歌手に運動会で負けるわけにはいかないから、意地でも勝ちに行った。

さらにTBSドラマ「毎度おさわがせします」のレギュラー出演も決まった。撮影当日は朝六時から緑山スタジオでリハーサル。本番を七時から十二時までの間に撮り終えた後、急いで試合会場にクルマで駆けつけるという強行軍だった。

翌八五年には全国六カ所でミュージカル「ダイナマイト・キッド」を上演した。ファンクラブの会員は一万人を超え、後楽園ホールの試合は電話予約だけで完売した。フジテレビの「全日本女子プロレス中継」の視聴率も二十パーセントを突破した。

全日本女子プロレスには巨額の金が転がり込み、松永兄弟は我が世の春を謳歌した。

## ダンプ松本の誕生

同期ふたりの活躍を間近で見ていた松本香は、心穏やかではいられなかった。

フィジカルエリートで、自分とも仲のいいライオネス飛鳥はともかく、どうしようもない落ちこぼれだった長与千種までもが、いまや自分の遥か先を走っている。ある意味でそれは必然だった。松本香は何もできないレスラーだったからだ。押さえ込みも弱く、臆病な性格で、選手たちがベチャと呼ぶコーナー最上段からのダイビング・ボディプレスも怖くて跳べなかった。

しかし、プロレスが身体能力でやるものではないことは、すでに長与千種が証明していた。必要なのは観客の心理を操作するための戦略であり、秩序からの逸脱であり、先輩を思いきり殴りつける勇気であり、自分も思いきり殴られる覚悟であった。

松本香は名前をダンプ松本と変え、金髪に染め、顔に派手なペイントをして、極彩色のコスチュームを身に纏うと、デビル雅美の下を離れて同期のクレーン・ユウ（本庄ゆかり）と共に、クラッシュ・ギャルズに対抗する新たなるヒール軍団・極悪同盟を結成した。

いまや女子プロレスの主役はクラッシュ・ギャルズだ。自分が全日本女子プロレスの中で地位を上げるためには、クラッシュ・ギャルズに敵対する以外にはない。

かつて長与千種を排除しようとしたダンプ松本は、長与千種が演出するクラッシュ・ギャルズの世界観に、最強の敵として入りこもうとしたのである。

WWWA世界タッグチャンピオンとなり、次のクラッシュ・ギャルズの展開を考えていた長与千種は、ダンプ松本と極悪同盟の台頭を大いに歓迎した。

プロレスとは言葉であり物語であり、物語であればこそ観客はわかりやすい正義と悪の対立を望む。ベビーフェイス（正義の味方）がヒール（悪役）に散々痛めつけられれば、観客席の少女たちは大いに興奮する。ヒールがチェーンや竹刀を振り回し、卑怯な反則行為を繰り返せば、興奮はさらに増幅される。

基本的にダンプは道具屋であり、凶器を駆使してクラッシュ・ギャルズを痛めつけることが仕事だ。

たとえばダンプ松本が長与千種の頭をフォークの尖った部分で刺す。本気で刺せば、傷は骨まで達する。刺された千種は痛いに決まっているが、とりあえずそのことは問題ではない。プロレスが痛いのは当たり前だからだ。

問題は別のところにある。フォークで刺されて痛い思いをしているにもかかわらず、血がほとんど出ないことが問題なのだ。血を見せなくては何にもならない。

プロレスとは、観客のために存在するものだからだ。

長与千種の痛みは、血が流れることによって観客に伝わる。血が流れなければ、痛みが観客に伝わらない。反省したダンプは、次の試合ではフォークの枝の横の部分を鋭利に研いでおいて、スパッと皮膚を切り裂いた。口に入れるフォークには本来丸みがあるはずなのに、ダンプ松本が使うフォークは妙に尖っていて、エッジだけがピカピカに光っている。おそらくヤスリで研いだのだろう。長与千種の目には、その輝きがはっきりと見える。

フォークばかりではない。ハサミ、有刺鉄線、鎖、竹刀、ダンプ松本は様々な凶器を駆使して千種を痛めつけた。悪役レフェリー（！）阿部四郎は、当然のようにダンプの凶器攻撃を見て見ぬふりをする。赤コーナーにいるライオネス飛鳥は盟友千種に声援を送り、観客の少女たちもまた、スーパーヒロインの危機を、息をのんで見守っている。

会場にいる人々の視線を一身に集めつつ、リングの中心で血を流し続ける長与千種は、試合のすべてを支配する演出家でもあった。

# 第五章　青い水着

トップで全女入りしたはずのエリートの飛鳥は、コンビを組んだ長与に喰われてしまう。焦燥の中、「なぜ歌うのか」という悪魔の囁きが。

クラッシュ・ギャルズの人気爆発をライオネス飛鳥は大いに喜んだ。つまらないレスラーと言われ続けた自分が、観客から熱狂的な声援を受けるようになったからだ。いまやクラッシュ・ギャルズはビューティ・ペア以上のスーパーアイドルである。ついに自分はジャッキー佐藤と同じ、いやそれ以上の人気者になったのだ。

ところが、人気者の立場を楽しむ余裕はすぐになくなった。突然、恐ろしく多忙な日々が始まったからだ。

朝六時からテレビ局に入り、番組の収録やＣＭの撮影を行う。夕方、試合会場に向かい、時間ギリギリに会場に入り、急いで着替えてリングの上で歌を歌い、試合をして、深夜に再びテレビ局に戻る。スポンサーへの挨拶回り、レコーディング、打ち合わせ、移動に次ぐ移動。家に帰る時間がなく、目黒にある全女の事務所の駐車場に停めたクルマの中で寝たことも一度や二度ではなかった。

天性のショーマンである長与千種とは異なり、飛鳥は歌うことが決して得意ではなかった。ふたりで一緒に歌えば自分の不器用さを思い知らされた。レコーディングでも歌のうまい千種が最初に録音して、あとから自分が合わせる格好になる。ヴォイストレーニングをしている訳でもなく、何度もやり直しを命じられればウンザリする。プロレスばかりでなく、歌までも千種に合わせなければならないのか。

リング上で歌った後はすぐに水着に着替えて試合をする。選手紹介のコールを受ける時、はじめは「千種、飛鳥」という順番だったが、すぐに「飛鳥、千種」と入れ替った。千種の方が格上という意味だ。

クラッシュギャルズとして試合をする時の飛鳥はコーナーにいる時間が長く、リング内で活躍する時間は短い。試合時間の大半は千種が悪役レスラーにいたぶられ、蹂《じゅう》躙《りん》され、流血するシーンに費やされる。

「長すぎる。いい加減にしろ。もうコーナーに帰ってきて自分にタッチをするべきだろう」

イライラしていた飛鳥が、ふと千種をいじめる最中のダンプと目が合った。

「いくらなんでも長すぎるんじゃないの？」

ダンプの目はそう言っていた。

ダンプ松本は、試合中にライオネス飛鳥が泣いているところを何回も見ている。観客がワーッと沸くところを全部千種に持っていかれて悔しいのだ。

クラッシュ・ギャルズの主役は長与千種であり、ライオネス飛鳥はいわば最後に登場して怪獣を倒すウルトラマンの役回りである。必要不可欠のかっこいい役ではあるものの、ウルトラマンはドラマの中には存在しない。ドラマを生み出すのは人間であり、つまりは長与千種なのだ。

飛鳥にとって、同じような試合と代わりばえのしない日々が続く。芸能活動が忙しくて練習もできない。練習ができなければ筋肉も落ちるし息も上がる。毎日毎日、クルマの中で弁当ばかりを食べていれば体重も増える。

取材では何百回と同じことを聞かれる。

千種の生い立ちは普通ではない。異常なまでにドラマチックだ。一方の自分は、父親がいないことと肥満を克服したこと以外はごく普通だ。必然的に、記者たちは長与千種の悲しい少女時代の話に感情移入していく。

記者が求めるのはライオネス飛鳥の答えではなく、クラッシュ・ギャルズの答えだ。同じ質問に対して自分と千種の答えが違えば、一つ年上の自分が譲った。

忙しすぎて、会話もだんだんしなくなる。長い時間を一緒に過ごせば相手のイヤなところばかりが目につく。性格も正反対で、時間の使い方も遊び方も違うから、プライベートで会うことも一切ない。

ライオネス飛鳥には、自分は歌手でもタレントでもなく、プロレスラーだというプライドがある。数百人が応募したオーディションを一番で合格し、真剣勝負の押さえ込みルールでも最強を誇った。

二歳年上の横田利美（後のジャガー横田）が入門四年目、十九歳でジャッキー佐藤を破り、全女の最高峰であるWWWA世界シングル王座のベルトを実力で巻いた時、十七歳の北村智子はこう言った。

「利美さん、そのベルトは私がもらいますから、それまでしっかり守っていて下さいよ」

入門して間もない新人がチャンピオンに向かってこう言い放ったのだ。北村智子＝ライオネス飛鳥にはそれだけの自信があった。

ところが、気がつけばプロレスは二の次で、二十一歳、入門五年目の自分はビューティ・ペア以上の芸能人をやっている。

しかもプロレスでも芸能でも、ファンの数は長与千種の方が圧倒的に多かった。客観的に見て人気は三対七。いや二対八かもしれない。純粋な格闘技を求めてこの世界に入り、常に一番になるために努力し続けてきたライオネス飛鳥にとっては、受け入れがたい現実だった。

母親からは「長与さんとあなたが違うのは当たり前。桜梅桃李《おうばいとうり》、人はそれぞれ自分の花を咲かせればいい」とアドバイスされた。もっともだと思う。

だが、師匠のジャガー横田からは「一番はひとりしかいない」と教えられてきた。自分はプロレスラーであり、しかも長与千種よりも遥かに強い。なのになぜ、弱い千種の下に置かれるのか？

人気の頂点で悩み苦しむライオネス飛鳥にとって、一九八五年八月に行われる予定の日本武道館大会は、自分と千種との差を見せつける最大のチャンスだった。

自分の試合はメインイベントに組まれている。対戦相手はＷＷＷＡ世界シングル王者として全女のトップに君臨するジャガー横田だ。

一方、長与千種の試合はひとつ前のセミファイナル。対戦相手はオールパシフィック王者のデビル雅美である。

試合順も対戦相手も、自分が千種よりも格上であることは間違いない。

ジャガー横田とライオネス飛鳥の試合は押さえ込みの真剣勝負ではなかった。この戦いは「どちらが強いか」ではなく「どちらが観客を魅了するか」という勝負なのだ。

しかし、この武道館にはさらに重要な戦いが存在した。

メインイベント対セミファイナルの戦いである。

メインを任されたジャガー横田とライオネス飛鳥は、一致協力して観客を熱狂の渦に巻き込み、デビル雅美と長与千種のセミファイナルよりも断然面白い試合にしなくてはならない。

具体的には年末の「全日本女子プロレス大賞」でベストバウト（年間最高試合）を獲得することだ。ベストバウトを獲るためには、大会場で行われるビッグマッチであることと、タイトルマッチであることの両方が必要になる。一九八五年、そのふたつの条件を共に満たすのは、この武道館大会しかない。

赤いベルトを賭けたジャガー横田とライオネス飛鳥のWWWA世界シングル選手権試合。

白いベルトを賭けたデビル雅美と長与千種のオールパシフィック選手権試合。

どちらかがベストバウトに選出されることは確実だった。

多忙を極めるクラッシュ・ギャルズに充分な練習時間などない。大阪から東京に戻ってきたのは試合前日の深夜だった。それでもライオネス飛鳥は武道館でのビッグマッチに向けて、ジャガー横田と入念な打ち合わせを行った。

パワーでもスピードでもバランスでも、自分たちを超えるレスラーはひとりもいない。長与とデビルには決して真似のできない高度な技を繰り出そう。誰も見たことがない新技を初披露して、観客を驚愕させよう。

それがジャガーと飛鳥の考えた戦略だった。

## メインイベント？

一九八五年八月二十二日、全日本女子プロレスが六年半ぶりに行った日本武道館大会は、リングが組まれた地階のアリーナ席から最上階の二階観客席まで、一万三千五百人のファンでぎっしりと埋め尽くされた。

前半戦の試合が終わると会場の明かりが落とされ、大きな武道館の中心に置かれたリングにスポットライトが当たる。クラッシュ・ギャルズが登場した途端、五色の紙テープがスコールのように降り注ぎ、リングの周囲からスモークが焚かれてカクテルライトに映えた。クラッシュ・ギャルズは大観衆の前で新曲「東京爆発娘！」を初披露した。「炎の聖書（バイブル）」「嵐の伝説（レジェンド）」「夢色戦士」に続く第四弾のシングルである。

すでにクラッシュ・ギャルズはスーパーアイドルになっていた。

デビューシングル「炎の聖書（バイブル）」はオリコンベスト二十に食い込むスマッシュヒット。ファーストアルバム「SQUARE　JUNGLE」は、銀座山野楽器で週間売り上げの一位に輝いた。セカンドシングル「嵐の伝説（レジェンド）」はヒットチャート十位に入り、同名のビデオも発売された。サードシングル「夢色戦士」発売後の五月には中野サンプラザと横浜文化体育館でファーストコンサートを開き、すぐにメキシコに渡って写真集「こころ・ルチャ・リブレ」の撮影を行った。浅草マルベル堂のブロマイド売り上げはトップを独走し、アイドル雑誌の表紙を飾ることも珍しくなかった。

歌の時間が終わり、控え室に戻ると、ライオネス飛鳥は自分の出番を待った。

プロレスの試合では、勝敗と試合時間があらかじめ決められている。「六十分一本勝負」という試合時間は飾りにすぎない。決められた時間内に、決められた選手が勝つ。それがプロレスである。使われる技もある程度は決めておく。スタート、ハイスパート（見せ場）、フィニッシュの三つを決めておいて、その間はアドリブでつなぐのが普通だ。時間の経過は「五分経過、ファイブ・ミニッツ・パスト」というリングアナウンサーのコールで知る。この日の武道館では、セミファイナルもメインイベントも三十分以内の決着と決められていた。

だが、セミファイナルの試合が異常に長い。すでに終了予定時刻を大幅に超えている。長与千種とデビル雅美のふたりは、一体どんな試合をしているのか？　飛鳥の心の中は穏やかではなかった。

結局、セミファイナルが三十五分を超えてしまったことから、メインイベントは二十分に縮めてほしいとスタッフから要請された。興行全体の終了時刻があらかじめ決められているからだ。

「いい加減にしろ！　張り切りすぎやがって」

ライオネス飛鳥は千種とデビルに腹を立てながら空手衣を身につけた。

メインイベントが始まる。場内が一瞬暗転し、リングが照明で青く染まると、クラッシュ・ギャルズのテーマ曲「ローリング・ソバット」が大音響で鳴り響いた。

「C！　R！　U！　S！　H！」

少女たちがメガホンを口に当てて声を限りに叫ぶ「ア・ス・カ！」コールが金属音のように武道館の空間を震わせる中を、ライオネス飛鳥が入場してきた。

風林火山の空手衣に黒帯を締め、頭に青いハチマキ、膝には青いサポーターをつけ、白いロングソックスと青いレスリングシューズを履いた飛鳥を宇野久子（後の北斗晶）が先導し、永堀一恵が「風林火山」の旗を掲げつつ続く。

飛鳥がリングに入ると、一瞬の静寂の後、リングを照らすライトが赤く変わった。WWWA世界シングル王者、ジャガー横田の入場だ。

小倉由美、永友香奈子、ジャンボ堀を従えたジャガーは純白のガウンを身に纏い、足下には銀色のリングシューズ、腰には全女最高峰の赤いベルトが巻かれている。

「本当にこれほど強いチャンピオンは、いまだかつて存在しませんでした」という志生野温夫アナウンサーの言葉には実感がこもる。ジャガー横田が真剣勝負の実力だけで王者にまで上りつめた空前絶後のプロレスラーであることを、志生野は至近距離から目撃してきた。

これまで全日本女子プロレスは三回の日本武道館大会を行った。いずれもビューティ・ペアの時代である。同期のトミー青山やルーシー加山はビューティ・ペアの前座試合を戦ったが、横田利美は三回とも売店係。試合を見ることさえできなかった。

ビューティ・ペアが引退をかけて対決した最後の武道館大会からすでに六年半、横田利美のデビューからすでに七年が過ぎ、同期はすべて姿を消した。

ジャッキー佐藤を破って以来、ほんの一瞬を除いて、ジャガー横田は四年半もの長きに渡ってこの赤いベルトを守り続けてきた。身長一六〇センチ体重六〇キロという小柄なジャガー横田を実力で倒すことのできるレスラーはひとりもいなかった。

日本武道館でメインイベンターをつとめることは、ジャガー横田の長年の夢であり目標だった。そしていま、その夢は実現した。だが、武道館大会を実現させたものが、自分のレスラーとしての実力ではなく、クラッシュ・ギャルズの人気であることは明らかだった。

実力では誰にも負けない、という自負がジャガーにはある。しかし、プロレスには実力以上に必要なものがある。観客の人気、つまりは集客力だ。その人気が自分にはなく、クラッシュ・ギャルズにあることをジャガー横田は誰よりも知っている。「飛鳥に勝たせたい」という観客の空気をひしひしと感じる。

ファンの声援を追い風に、ライオネス飛鳥は上の世代を追い落とそうとしていた。「ジャガー、デビル、ジャンボ堀の時代は今日で終わりにする」と飛鳥はすでに宣言していた。

ジャガー横田は誇り高いレスラーであり、世代交代を望む声を耳にすれば、潔《いさぎよ》く去ることを選ぶ。武道館の中心でスポットライトを浴びつつ、ジャガーは密かに引退を決意していた。この武道館大会は自分にとって最後のビッグマッチとなる。

対戦相手のライオネス飛鳥はジャガーの愛弟子である。二年間一緒に暮らして、プロレスから私生活まで何くれとなく面倒を見てきた。食の細い飛鳥を何度も叱って、六〇キロから七〇キロまで増量させた。フィジカルトレーニングはもちろん、技に関しても細かく指導した。ライオネス飛鳥というレスラーの基礎を作り上げたのはジャガー横田なのである。人生最大最後のビッグマッチで自分が教えた飛鳥と、メインイベントで対戦することができる。ジャガー横田は、自分のすべてを見せようと決意していた。

ジャガーが感傷に浸る間もなく選手紹介が始まった。

最初にコールを受けるジャガー横田に飛ぶ紙テープはごくわずか。

一方、ライオネス飛鳥に飛ぶ紙テープは滝のようだ。

空手衣を脱ぎ、青を基調とした水着姿になった飛鳥の身体は見事にシェイプされている。この試合のために少し減量したのだ。それでも胸にも腿にも充分な厚みがあり、肩と上腕の筋肉は特に素晴らしい。

ゴングが鳴ると、試合はいきなりハイテンポで動き出す。

ウラカン・ラナやヒップアタックのような跳び技をジャガーが見せれば、飛鳥は滞空時間の長いブレーンバスターやアルゼンチン・バックブリーカーからのエアプレーン・スピン、さらにジャイアントスイング等の力技で反撃し、珍しくジャーマン・スープレックス・ホールドまで使ってたたみかける。

しかし、ジャガー横田は手四つの状態のまま飛鳥の手を交差させて背後に回り、そのままジャーマン・スープレックス・ホールドのように投げる新技（後にジャガー式スープレックス・ホールドと命名）で主導権を取り戻すと、飛鳥をコーナーポスト最上段に抱え上げ、そのままブレーンバスターでマットに投げ落とそうとした。

飛鳥はこの状態から切り返し、ジャガーをマットの上に叩きつけたものの、ニードロップは自爆してしまう。背後に回ったジャガーが飛鳥の脚を折りたたみ、足首を持って後ろに反り投げる新技ジャガー式バックドロップ・ホールドでスリーカウントを奪い、ついに激闘に決着をつけた。

試合時間は二十四分二十秒。審判部長の松永俊国に右手を、ジャンボ堀に左手を高々と掲げられたジャガー横田は、この日のために新調されたＷＷＷＡ王座の赤いベルトを腰に巻いた。旧いベルトは偉大な功績を記念して王者に授与された。

スピーディーで息もつかせぬアクロバチックな攻防は、このふたりにしかできない高度なものであり、観客は大きな拍手と心からの声援を送った。

敗れたライオネス飛鳥は、師であるジャガー横田と日本武道館という大舞台のメインイベントを戦ったことに深く満足していた。自分もジャガーさんもベストを尽くした。これほどの試合はそう何度もできるものではない。

だが、翌日に放送されたフジテレビの「全日本女子プロレス中継」を見て飛鳥は愕然となった。最も大きく取り上げられた試合は、自分とジャガーが戦ったメインイベントではなく、デビル雅美と長与千種が戦ったセミファイナルだったからだ。

飛鳥は泣きながらジャガー横田に電話をかけ、さらに仲の良いフジテレビの小林延行ディレクターにも抗議の電話を入れた。

「ふざけんな！　どうしてメインの方が短いんだよ！」

小林ディレクターは飛鳥に釈明した。

「ごめんな。上から言われたら俺たちにはどうしようもないんだ。でも、セミの試合を見たか？　ゲストの女の子たちはみんな泣いてただろ。テレビ的にはやっぱりそういう試合を大きく扱わざるを得ないんだよ」

そう言われて、飛鳥はセミファイナルの映像をもう一度見た。

冷静になって見返してみると、自分たちより格下であるはずのデビル雅美と長与千種が、これまでに見たこともないような試合をしていたことに、飛鳥はようやく気づいた。

## 試合に負けることは快感だ

試合開始直前、デビルと千種は自分のコーナーではなく、リングの中央にいた。デビルがいきなり千種の顔を張り飛ばす。千種が負けじと張り返すと、デビルはなぜか握手を求め、両者がそれぞれのコーナーに駆け戻るとようやくゴングが鳴った。

千種の蹴りに対し、デビルはタックルから片エビ固めに行くが、千種はすぐにロープに逃げる。

手四つからの力比べという古典的な展開を見せた次の瞬間には千種のジャーマン・スープレックス・ホールドが炸裂する。さらに千種はドラゴン・スープレックス、ハーフハッチと畳みかけていく。

対するデビルは、千種を肩車した状態で自らセカンドロープに上り、そのまま後ろに倒れて千種をマットに叩きつけ、さらにセントーンで反撃する。

スピード感溢れる試合ではまったくない。だが緩急自在で、ひとつの技が出るたびに観客の興奮は最高潮に高まり、一瞬も目を離すことができない。

キャリアの長いデビルには、声援や野次がどこから来ているかを聞き取るだけの余裕がある。

ブーイングの小さな声を聞けば、そちらを見てニヤリと笑う。

「チ・グ・サ！」コールが起こり始めれば睨みつけ、声の主に向けて指をさす。

デビルの指の先にいる観客は「こっちを見た！」とテンションが上がる。

同様のことを四方へ、八方へと繰り返すうちに、リングと観客の間をつなぐ見えない糸が、蜘蛛の巣のように張り巡らされていく。

この試合に一切の打ち合わせはなかった、と長与千種は証言している。最初から最後まですべてがアドリブだったということだ。プロレスの達人デビル雅美が相手ならば、何も決めておかなくてもプロレスができる。千種にはその確信があった。

ふたりが了解しているのは「ベルトは移動しない」「試合時間は三十分」ということだけだ。試合展開は何ひとつ決められていない。次に相手がどんな技を使うかわからないし、結末も知らない。千種が勝つことはないが、デビルが勝ってもいいし、引き分けにしてもいい。自分たちがやりたいことをするだけだ。

自分たちにさえ結末がわからないのだから、観客にわかるはずがない。

試合が二十五分を過ぎると、千種は唐突にデビルのボディを強く殴った。「最後は殴る蹴るで盛り上げよう」と、千種はデビルに身体言語で告げたのだ。デビルも負けじと殴り返す。

次に千種はデビルの頭を蹴りに行く。

通常よりも強く。

デビルは今度は千種の顔を殴る。

通常よりも強く。

殴る蹴るが繰り返されるうちに、必要以上の力が加わっていく。

長与千種は自分のプロレスを「受けの美学」と呼ぶ。強大な相手の攻撃を、受けて受けて受けまくるのだ。スープレックスもセントーンもなく、殴る蹴るだけが延々と続く。

パンチの攻防になれば大柄なデビルの優勢は明らかだ。華奢な長与のダメージが深い。途中、デビルのいいパンチをもらって記憶が完全に飛んでしまい、試合経過時間がわからなくなってしまった、と千種は言う。三十分で終わる予定が延びてしまったのはそのためだ。それでも、プロレスラーとしての本能がフィニッシュへと千種を運ぶ。結末にふさわしい大技を繰り出す余裕はもはやない。

デビルが殴り、千種が蹴り返し、やがて両者がリングに倒れる。

レフェリーのジミー加山（松永国松）がカウントを数え始める。テンカウントが入り、三十六分五十二秒、両者ノックアウトにより引き分けという判定が下った。オールパシフィックの白いベルトは再びチャンピオンであるデビル雅美の腰に巻かれた。ベルトは防衛され、つまり長与千種は表面上は敗者だった。

だが、千種が真に求めるものはベルトではない。

「試合に負けることは快感だ」と千種は言う。負ければ、観客の視線を独占することができるからだ。

日本武道館を埋めつくした一万三千五百人の大観衆は、デビルと千種のふたりが作り出した凄絶な試合の雰囲気にどっぷりと浸っている。観客の心の中にあるのは勝者への賞賛ではない。精いっぱい戦ったが、ついにベルトに届かなかった千種への同情心である。観客は泣きながら千種を、千種だけを見つめている。

リングの中心で二万七千の視線を浴び、観客の同情と愛情を一身に集める快感に千種は酔う。プロレスラーならではの快感である。

どんな表情、どんな仕草をすれば観客の同情を最大限に高められるだろう。控室まででどうやって引き揚げようか。一人でよろよろと歩こうか、後輩に肩を貸してもらおうか、それとも一歩も動けないまま誰かに背負われていこうか。

長与千種が疲労で朦朧となった頭を必死に働かせている正にその時、白いベルトを巻いたデビルはマイクをつかみ「長与を褒めてやってください」と泣きながら観客に言った。

「やられた」

千種は悔しかった。

観客の視線が自分を離れてマイクを持つデビルへと向けられたからだ。

おそらくデビルは「いい試合ができたね。私たちは頑張ったよね」と言いたかっただけなのだろう。長与千種は今になってそう思う。だが、当時の千種にはデビルの好意を素直に受け止める余裕がなかった。畜生。いいところを持っていきやがって。さすがはデビル雅美だ。あんたは凄いよ。

千種はデビルの手首をつかんで高く掲げた。

戦い終えた師弟の深い愛情を感じた観客は温かい拍手を送った。

身体能力や技の豊富さ、精度では、ジャガーと飛鳥に到底敵わない。だからデビル雅美と長与千種は観客の心情に訴える試合をした。

華麗な投げ技が乱舞する試合ではなく、格闘技色の濃い試合。生身の人間が蹴り合い殴り合い、大歓声の中にあってさえ、拳が顔面に当たる「ゴツッ」という音が観客の耳に届くような試合。誰の目にもわかるダメージを繰り返し受けてもそのたびに起き上がり、観客から「こいつは凄いヤツだ！」と思ってもらえるような試合である。

デビル雅美と長与千種の凄絶な試合は、日本武道館を埋め尽くした女子中高生の心を鷲づかみにした。ゲストに呼ばれたアイドル歌手の石野真子、岩井小百合、倉沢淳美は全員が涙を浮かべていた。

武道館大会の翌日にゴールデンタイムで放映された番組の視聴率は十五パーセントを突破した。メインイベントのジャガーと飛鳥の試合ではなく、セミのデビルと千種の試合を大きく扱ったフジテレビの判断は正しかったのだ。

## 傷ついた少女たちの代理人

六日後の大阪城ホール大会の主役は、またしても長与千種だった。

ダンプ松本との髪切りマッチに敗れた千種は首に鎖を巻かれ、両腕を悪役レスラーに押さえられたまま髪を切られた。

広い大阪城ホールを埋め尽くした女子中高生たちは、スーパーヒロインの受難劇を目の当たりにして泣き叫び、ダンプ松本に凄まじい憎悪を燃やした。

女子プロレスラーの多くが恵まれない環境で育ったのと同様に、女子プロレスのファンもまた、思春期の真っ只中で心の中に闇を抱えていた。

「自分は虐げられている。痛めつけられて苦しんでいる」と千種は全身で表現する。千種が痛めつけられる姿を、少女たちは自分自身に重ねる。千種の痛みを、少女たちは自らの痛みとして味わう。

長与千種のプロレスは、少女たちがふだん眠らせている感情のすべてを引きずり出す。わずか一試合の間に、少女たちの心には期待と不安、歓喜と憎悪、全能感と無力感の波が繰り返し襲う。純粋で一途な少女たちは、長与千種に洗脳されてしまうのだ。

髪切りマッチを実況した志生野温夫アナウンサーは、大阪城ホールに充ち満ちたダンプ松本への殺意をひしひしと感じた。この熱狂ぶりはただごとではない、プロレスの領域を逸脱している。このままでは死人が出ると恐怖した。

## 飛鳥の焦燥

ライオネス飛鳥は絶望していた。

今や女子プロレスの中心にいるのは長与千種だった。

千種とデビルが戦った武道館のセミファイナルは「女子プロレス大賞」のベストバウト（年間最高試合）に選出された。自分とジャガーが精魂込めて作り上げた素晴らしいメインイベントは敗北したのである。

大阪城ホールではさらに大きな差をつけられた。

観客の記憶に刻みつけられているのは千種とダンプの髪切りマッチだけだ。自分がモンスター・リッパーと戦った試合を含めて、他の試合については誰も何も覚えていない。

アナウンサーもテレビディレクターも松永兄弟も、すべて千種の軍門に下った。

仲のいいダンプ松本さえ、いつの間にか千種が演出する劇団の一員に収まっている。

そして、ジャガー横田からWWWA世界シングル王座の赤いベルトを受け継ぎ、全女に君臨するはずだった自分もまた、ヒロイン長与千種の引き立て役にさせられている。

クラッシュ・ギャルズ結成後、初めて長与千種とシングルで対決した「ジャパン・グランプリ'85」では、三十分時間切れ引き分けという結末があらかじめ決められていた。クラッシュ・ギャルズは、とっくに押さえ込みルールを卒業させられていたのだ。スーパースター長与千種に傷をつけるわけにはいかない。

長与千種は女子プロレスに初めて出現したプロレスマニアである。

一方、ライオネス飛鳥はジャガー横田同様、男子プロレスなど見ない。女子プロレスもほとんど見ない。見るのは自分の試合だけだ。

必然的にクラッシュ・ギャルズの試合を演出するのは千種の役回りになる。強い飛鳥が攻め、強くない千種が受ける。

「立派な体格の飛鳥がやられていてもかわいそうに見えない。華奢な自分がいじめられるからこそ説得力がある」と千種に言われればうなずくほかなかった。

クラッシュ・ギャルズの演出家である千種は、次々とアイディアを出す。

「長州力のサソリ固めをやろうよ。ふたりで同時に出せば派手だし」

「空手の正拳突きも合体でやろうよ」

「サンドイッチ・ラリアットをやろうよ」

実際にやってみると、確かに客は沸いた。だが、観客が見ているのは千種の方だ。男子の技を使っても、器用な千種は百年も前からやっているという顔をして、ごく自然に自分のプロレスに取り入れてしまう。千種はパクリの天才なのだ。一方、自分が使えばいかにも借りてきたように見える。飛鳥は面白くない。

さらに千種は飛鳥にアドバイスする。

「いつも同じフィニッシュじゃつまらない。だから次の試合では新しい技を出そうよ」

「跳びなよ！」

「ムーンサルトやりなよ！」

ライオネス飛鳥の身体能力は長与千種を遥かに上回る。そのことを熟知する千種は次々とリクエストを出す。どんなに難しい技でも、飛鳥にできないものはひとつもなく、あっという間にやってのける。ライオネス飛鳥は最高の女優であり、ステージパフォーマーなのだ。

飛鳥はプロレスを考えない。だから私が考える。千種はそう思っている。

天才演出家の長与千種が作り出すクラッシュ・ギャルズのプロレスが観客を興奮の渦に巻き込み、全日本女子プロレスに莫大な利益をもたらしている以上、千種に文句を言える人間などひとりもいないはずだった。

普通のプロレス団体であれば。

しかし、全日本女子プロレスは普通のプロレス団体ではなかった。押さえ込みルールが存在する特殊な実力社会なのだ。ライオネス飛鳥は、強い自分が弱い千種の下に置かれることが納得できない。押さえ込みルールの試合で、すでにレスラーとしての格付けは済んでいる。同期の中で最も強い自分は、ごく近いうちにWWWA世界シングル王座の赤いベルトを巻く人間なのだ。お前とは違う。

ライオネス飛鳥には高いプライドがあった。

絶望とプライドの間で引き裂かれるライオネス飛鳥にとって決定的な事件が起こっ

た。ジャガー横田が引退を発表したのである。

一九八五年の最終戦となる十二月十二日、ジャガー横田は大田区体育館でデビル雅美とWWWA世界シングル王座の防衛戦を戦うことになった。

ジャガーにはベルトを置いていくつもりなどさらさらなかった。「自分は実力で赤いベルトを勝ち取った」という強い自負を持つジャガーは、デビルとの最後の防衛戦を押さえ込みルールの真剣勝負で戦い、勝って有終の美を飾るつもりだったのである。

ところが防衛戦の前日にジャガーをアクシデントが襲う。試合中に肩を完全脱臼してしまったのだ。ジャガー横田はWWWA世界シングル王座の赤いベルトを返上せざるを得ず、王座防衛戦は急遽王座決定戦へと変更された。デビル雅美の相手にはダンプ松本が指名され、結果はデビルの勝利。デビルはオールパシフィックと合わせて二本のベルトを巻いた。

四日後の十二月十六日に高輪のホテル・パシフィックで行われた「女子プロレス大賞」授賞式のパーティの最中、ジャガー横田は飛鳥の耳元で囁いた。

「この後、引退発表をするのよ」

飛鳥は愕然とした。

ジャガー横田の強さは、誰よりも自分が知っている。あれほど強いジャガーが、なぜ引退しなくてはならないのか。

自分は新人の頃から「ジャガーさんの赤いベルトは私が巻く」と公言してきた。なぜいま、自分ではなくデビル雅美が巻かなくてはいけないのか。なぜジャガーさんは、愛弟子である自分にベルトを渡さぬまま引退していくのか。

一九八六年二月十五日、川崎市体育館でジャガー横田の引退試合が行われた。ジャガーがデビル雅美を相手に五分間のエキジビションマッチを戦い終えると、突然ライオネス飛鳥がリングに駆け上がってジャガーに襲いかかり、ブレーンバスターを連発して観客を驚かせた。

「なぜだ！　まだ戦えるじゃないか。私と勝負してベルトを置いていけ！」

飛鳥は泣きながらジャガーに抗議した。

## なぜ歌うのか？

ライオネス飛鳥は聡明な女性である。常に微笑を絶やさず、気配りを忘れない。友人も多く、誰からも愛される。彼女は尊敬に値する女性でもある。肥満を強靭な意志で克服し、プロレスラーになってからもハードトレーニングを欠かすことは決してなかった。

それでもなお、強く明るく聡明なライオネス飛鳥の後ろには、相変わらず臆病な北村智子が隠れていた。神経質で引っ込み思案で傷つきやすく、コンプレックスの塊の少女が膝を抱えた。

ジャガー横田という心の支えを失った飛鳥にまもなく友人ができた。元アイドル歌手の女性ロックミュージシャン。女子プロレスの世界以外でできた初めての親友は、飛鳥にごくシンプルな疑問を投げかけた。

「なぜプロレスラーが歌わなくてはならないの?」

彼女のひと言は、多忙な芸能活動と興行の連続によって精神的にも肉体的にも疲労の極に達し、レスリングよりもショーマンシップが、試合よりも芸能が優先される現状に苦しみ続け、ジャガー横田という心の支えを失ったライオネス飛鳥の心に強く響いた。

二年半前にクラッシュ・ギャルズを結成した時、飛鳥は千種とこう誓い合った。

「いままでの女子プロレスの流れを全部変えてしまおう」と。

ところが、いったん人気が出ると、すぐにレコードデビューの話がやってきた。

ふたりにはプロレスラーとしての誇りがあり、下手な歌など歌いたくはなかった。

しかし、当時の女子プロレスは青息吐息で、深夜のテレビ中継も月に一度あるかないか。そんな状況に風穴を開けたいという思いから、飛鳥と千種は一枚のレコードを出すことを了承した。以後、クラッシュ・ギャルズは一瀉千里に芸能人の道を邁進し、いまやビューティ・ペア以上のアイドルだ。

一九八五年の暮れに行ったクラッシュ・ギャルズ主演のミュージカル「ダイナマイト・キッド」のリハーサルの最中に、飛鳥は客席から舞台を見上げたことがあった。長与千種や後輩の山崎五紀、立野記代はもちろん、今年入ったばかりの宇野久子や西脇充子やコンドル斉藤ら新人全員が舞台の上で歌い、踊っている。

プロレスラーになりたくて入ってきた彼女たちが、自分と同じ芸能人に成り下がっている。他でもない自分たちクラッシュ・ギャルズの二年間の芸能活動が、若いレスラーたちを歌わせ、踊らせている。

「なぜ歌うのか？」という疑問と「歌わなくては」という義務感の狭間に落ち込んだ飛鳥の周囲を、いつしか深い憂鬱が覆っていた。

心を閉ざした飛鳥は膨大な数の取材や芸能活動を一方的にキャンセル、コンサートでも一切笑顔を見せなくなり、試合直前に帰宅したことさえあった。母や姉の説得にも応じない。

テレビ中継のある日、飛鳥の母から、実況を担当する志生野温夫アナウンサーのところに電話が入った。

「志生野さん、智子（飛鳥）が今日の試合は出ないと言ってるんです」

理由を聞いて志生野は呆れた。アイドル歌手と連絡がつかないから試合に出ない？飛鳥は何を言っているんだ。そんなバカなことができるはずがない。だが、女子プロレスの世界には時々そういうことがある。ジャッキー佐藤も地方巡業中に、ミミ萩原に会いたいからと勝手に東京に帰ってしまったことがあった。志生野は仕方なくジャガー横田に頼んだ。ジャガーは「わかりました」と言ってくれ、その日飛鳥は確かに試合に出たから、おそらく首に縄をつけて引っ張ってきたのだろう。

飛鳥がフジテレビの大きな仕事に穴を開けた時には、さすがに大騒ぎになった。松永高司会長やフジテレビのディレクターたちが集まり、飛鳥とジャガーのふたりを呼び出して会議を開くことになった。全女に君臨する松永高司会長が「申し訳ありませんでした。飛鳥は引退させます」とひとこと言えば、その瞬間にライオネス飛鳥のプロレスラー生命は終わる。それだけは避けたいと考えたジャガー横田は、飛鳥が時間に遅れて会議に顔を出した瞬間、胸ぐらをつかんで思い切り顔面を殴りつけた。たとえリング上であっても、ジャガー横田が他人の顔を殴ったことなど一度もない。つらかった。飛鳥のことが可愛いからこそ殴ったのだ。

しかし、精神的余裕のない飛鳥にはジャガーの心中を察することができない。

「利美ちゃん（ジャガー）にはトモ（飛鳥）の気持ちはわからない！」

確かにジャガーにはわからなかった。だが、この際飛鳥の気持ちなどどうでもいいのだ。さらに殴ろうとするジャガーを、まあまあと松永高司会長が止めた。それこそがジャガーが望んでいたものだった。会長は、ライオネス飛鳥をクビにする機会をひとつ失ったのだ。

とはいえ、それで問題が解決されるはずもなかった。つい先日にはアイドル歌手の岡田有希子がビルの屋上から飛び降り自殺するという事件が起こっている。

「飛鳥に自殺でもされたらどうしよう」

ジャガー横田はそのことばかりを心配していた。

ジャガーの心配をよそに、まもなく飛鳥はウォークマンのヘッドホンを耳から外さなくなった。ボリュームはゼロ。音楽を聴きたいわけではなかった。ただ誰の言うことも聞きたくなかっただけだ。

八六年四月五日、両国国技館。この日、ライオネス飛鳥はデビル雅美の持つWWWA世界シングル王座に挑戦することになっていた。開場前、歌のリハーサルにやってきた飛鳥を見て長与千種は驚いた。顔面蒼白で、目の下には隈があった。眠れぬ日々が続いていることは誰の目にも明らかだった。

「こんな状態でプロレスなんかできるの？」

千種は不安な気持ちのまま歌い始めたが、ふと気がつくと、隣りに飛鳥がいない。驚いて下を見ると、飛鳥が倒れている。

「誰かきて！」

千種が悲鳴を上げた途端、すべての照明がパッと点いた。眩しさに千種の目がくらみ、ようやく目を開けると、すでに選手やスタッフ、飛鳥の友人たちがリングに上がっていた。担架で運び出される飛鳥を見送りながら、千種の頬を幾筋もの涙がつたい、リングの上にポタポタと落ちた。

## お前、死神に取り憑かれたね

気がつくと、飛鳥は医務室の大きなベッドの上にいた。皆が心配して見舞いに来たが、後である人が教えてくれた。

「あんたの失神はただの演技で、わざと倒れてみせたんだろうって話をしていた人がいたわよ」

ライオネス飛鳥は、女ばかりの集団がほとほと嫌になった。心配そうな顔をしていたあの人が、裏では「飛鳥の失神は演技だろう」と言いふらしていたのだ。飛鳥の精神状態は混乱の極みに達した。

それでも飛鳥がメインイベントをキャンセルすることは不可能だった。青ざめた顔でリングに登場した飛鳥がガウンを脱いだ瞬間、観客席から悲鳴にも似た異様な喚声が起こった。そこには黒一色の水着があったからだ。

クラッシュ・ギャルズの青い水着はもう着ない。飛鳥はそう宣言したのだ。

五月十三日の「ジャパン・グランプリ'86」で、ライオネス飛鳥と長与千種は二度目のシングル対決を行った。

リングに登場した飛鳥は両国国技館と同じく黒い水着。一方、千種は深紅に鮮やかなブルーのアクセントの入った水着を身に纏った。飛鳥がクラッシュを拒むのならば、クラッシュ・ギャルズは自分ひとりが背負ってみせる。千種はその意志を水着の色で示したのだ。

試合前、飛鳥は「この試合でケリをつける」と発言していた。その言葉通り、飛鳥は異常なまでの強さで攻め立てた。飛鳥は、レスラーとしての優劣をもう一度はっきりと示しておこうとしたのだ。

長与千種はこんな状態の飛鳥と戦うのはイヤだった。不穏な空気を漂わせ、お互いの信頼関係がまったくない状態では、自分のいいところも相手のいいところも出せないからだ。本来、千種にとって重要なのは観客の熱狂であり、勝敗などは二の次だ。それでも飛鳥の「ケリをつける」という言葉には反発した。ケリなどつけられてたまるか。試合を面白くすることを諦めた千種は終始ディフェンスに徹し、試合は三十分時間切れ引き分けに終わった。

試合後の囲み取材で、飛鳥は一切の芸能活動を停止すると語った。

六月二十二日の後楽園ホール。飛鳥はファンの前で改めて「七月に出るシングル(『イッキにＲｏｃｋ'ｎ Ｒｏｌｌ』)を最後に芸能活動を控えてプロレスに専念したい」と芸能拒否宣言を行った。

親孝行な飛鳥は母親に都内の三千万円のマンションをプレゼントし、自分は都内の高級マンションに住んだ。収入の大半は芸能活動から得ている。収入の激減を承知の上で、飛鳥は精神の安定を望んだのだ。

飛鳥の芸能拒否宣言はまったくの独断であり、松永兄弟も隣にいる長与千種も、何も聞かされてはいなかった。飛鳥は何を言っているんだろう？　バカじゃないか、と千種は怒った。

確かに自分たちは忙しい。同じことの繰り返しでストレスも溜まる。しかし、自分たちはもう戻れないところまできている。

いまやクラッシュ・ギャルズは全日本女子プロレスの大黒柱だ。中継するフジテレビは「レスラーが歌わなくては全女とは契約しない」と言っている。テレビがなければ全日本女子プロレスの経営は難しい。好むと好まざるとにかかわらず、歌うことは女子プロレスラーの仕事の一部なのだ。観客たちもクラッシュ・ギャルズにレスリングだけでなく、歌うことを求めている。観客の求めるものを提供するのがプロフェッショナルではないのか。

飛鳥の芸能活動停止宣言は、長与千種の生活の根幹を脅かすものだった。

すでに母親は子宮ガンの手術を受けている。千種が見舞いに行くと、母の足の指は直角にねじれて隣の指に乗っていた。立ち上がるのに三十分もかかった。夏には父親が網膜剥離と眼底出血を起こし、以後視力は極端に落ちた。誤って隣りの家に入り込み、居間に座って気づかないことさえあった。三回の手術を受けた末に、ようやく少しだけ回復したところだった。

全日本女子プロレスの基本給と試合給だけでは足りない。芸能の仕事をして初めて、父親と母親の医療費と生活費を稼ぎ出せる。千種は長崎県大村の市営住宅で暮らす両親に毎月百万円を送金していた。「家はいらない」と言われたから、高台に立派な墓を立ててやった。

幼い頃からギャンブル場に棲息する大人たちの姿を目の当たりにし、「バーの子」と周囲から有形無形の差別を受けてきた。わずか十歳で一家離散を経験し、肩身の狭い居候暮らしを長く続けた。長与千種は、人は金のために何をするか、金がなければどうなるかを誰よりも知っていた。

飛鳥の言う通り、プロレスラーにとって練習できないことは何よりもつらい。会場に足を運んでくれたファンに今まで見たこともないようなスリルと興奮、そしてハッピーエンドを提供したいが、練習ができなければワンパターンの試合になってしまうからだ。

だが、目の前にある現実をすべて無視して、「私も練習がしたいから芸能活動を辞める」とは、千種にはどうしても言えなかった。長与家を支えているのは自分ひとりだ。自分がプロレスと芸能で稼いでこそ、長与家は存続することができる。冗談ではない。お前は私と長与家を再び悲劇に直面させようというのか。千種の怒りは強烈で、飛鳥に面と向かって「お前、死神に取り憑かれたね」と罵《のの》しった。

## 井田真木子というライターがいた

当時のクラッシュ・ギャルズについて、特に長与千種について最も素晴らしい記事を書いていたのは井田真木子だ。後の大宅賞作家は八〇年代半ば、月刊雑誌『デラックス・プロレス』（ベースボール・マガジン社）で大量の女子プロレス記事を書いていた。

井田真木子が書く長与千種のインタビュー記事は「あなたはこの一カ月、何をしていたの？」というような柔らかい会話から始まる。

千種と一緒にお茶を飲んだ、千種はこんな仕草をした、千種の顔が曇った、千種はこちらに背を向けた、千種は女子柔道の山口香の活躍をこう思った等々、一見、プロレスとは何の関係もない話題が延々と続くにもかかわらず、若い読者は決して退屈することなく、逆に長与千種の言葉と井田の細やかな筆致に引き込まれ、大人の女性の会話に年下の自分がひとり加わったような気分を味わった。

観客の心理を自在に操る魔術師である長与千種は、井田真木子のライターとしての優れた資質をすぐに見抜く。見抜いた上で井田真木子の心理を操作して、最終的に読者である少女たちの心理を操作しようとする。

井田真木子もまた恐るべき書き手であり、魔術師の意図を瞬時に察する。察して共犯者を装いつつも、絶妙のタイミングで鋭い質問を投げかけ、スーパーヒロインの本音を引きだそうとする。

長与千種と井田真木子は女子中高生を読者とする『デラプロ』誌上で、恐るべき心理戦を戦っていたのである。

飛鳥の芸能拒否宣言に動揺した長与千種は、もはや井田真木子の心理を操作できなくなり、心中深くしまっておいた本音を井田真木子に引き出されてしまう。

「今はね…今の飛鳥はね…いうよ、あたし、思いきっていうよ、今の飛鳥は輝いてないよ。悩んでる。あのリッチな、あの気前のいい、あの…あたしのアイドルの飛鳥じゃないよ。いいの…いうの…いいの…ね、あこがれの人だったんだから、だからいうの。ね、いいでしょ？　今の飛鳥、死神がついたような顔、してることある。それ…みると、それみると…千種、悲しいよ。（中略）あたしね、今、闘いたい相手、いるのん。それはねえ、それはねえ、飛鳥にとりついてる死神なの。何かわからない。誰かわからない。でもそいつと闘ってやりたい。ぶっつぶしてやりたい。殺してやりたい。息の根とめてやりたい。何かわかんない。でも、あの飛鳥をあやつり人形みたいにね、ああ踊らせたり、こう踊らせたり、飛鳥の頭をグチャグチャにかきまわしてるもんがいる、思うの。上からあやつってるのがいるって、感じるの。今、誰とも闘いたくない。そのもの以外とは、誰とも」(『デラックス・プロレス』八六年九月号)

記事を読んで飛鳥は激怒した。

この業界はおかしい。千種が自分に向かって「お前、死神に取り憑かれたね」と言ったのはまだ我慢できる。だが、雑誌のインタビューで口にする言葉ではないだろう。『デラプロ』もおかしい。プロレス雑誌は何よりもまず、試合を正しく伝えるべきではないのか。会場に足を運ぶファンはほんの一握りにすぎない。ほとんどのファンはテレビを見て、雑誌を読んで「あの時の試合はこうだったのか」と理解して楽しむ。にもかかわらず『デラプロ』は記者の主観で記事を書く。

「死神に取り憑かれた」という千種の発言を記事にすることは間違っている。観客は華やかなリングの上だけを見ていればいい。舞台裏を伝える必要はない。もうひとつ、私の友だちを死神と呼ぶのはあまりにもひどいのではないか。

ライオネス飛鳥は井田真木子の取材を拒否すると共に、『デラプロ』には自筆で書いたファンへのメッセージを写真製版で掲載するように求めた。活字になればどう直されるかわからないという恐怖と不信感があったからだ。

井田真木子を高く評価する『デラックス・プロレス』編集長の宍倉清則は断腸の思

いで飛鳥の申し入れを受け入れた。こちらに非はないが、どんな形であれ飛鳥の記事があるのとないのとでは雑誌の売り上げに大きな影響が出るからだ。

歌うこともテレビ出演も止め、雑誌のインタビューをも拒否したライオネス飛鳥は、すべての雑音を断ち切って自らの夢である赤いベルトを目指そうとしたが、会社に大損害を与えたプロレスラーにチャンスを与えるほど、松永兄弟はお人好しではない。

八月二十三日、川崎市体育館でデビル雅美を破り、ＷＷＷＡ世界シングル王座の赤いベルトを巻いたのはクラッシュと同期の大森ゆかりだった。すでに長与千種はダンプ松本を破ってオールパシフィック王座の白いベルトを巻いていた。クラッシュ・ギャルズが保持していたＷＷＷＡ世界タッグ王座は、飛鳥が長与と組むことを拒否したことで、極悪同盟のダンプ松本とブル中野の手に渡っていた。

ライオネス飛鳥はいつまで経っても無冠のままだった。

長与千種の初のソロシングル「100カラットの瞳」がリリースされると『デラックス・プロレス』は千種ひとりを大々的にフィーチャーした。

リング上では長与千種がひとりで歌い、やがて立野記代と山崎五紀のＪＢエンジェルスがレコードデビューしてそこに加わったが、観客動員の減少とテレビ視聴率の低下は止まらなかった。

一九八六年十月には「全日本女子プロレス中継」が金曜七時のゴールデンタイムを去った。クラッシュ・ギャルズが作り出した女子プロレスブームは終焉を迎えていたのである。

「なぜプロレスラーが歌わなくてはならないの？」と飛鳥に疑問を投げかけた元アイドル歌手の女性ロックミュージシャンは、やがて飛鳥のマンションに頻繁に出入りするようになった。全女の中で完全に孤立した飛鳥は、彼女に寄りかかる以外なかった。芸能界のいいところも悪いところも見てきた元アイドルは家庭環境も複雑で、とても臆病だった。性格的な脆《もろ》さを隠そうといつも虚勢を張っていた。

芸能界からインディに転落した彼女の音楽活動を支援しようと、飛鳥は自らコンサートを企画した。バックバンドはクラッシュの時のミュージシャンに頼んだ。自分が支えてあげなくてはこの人はダメになってしまう、と必死だった。

気がつけば、数千万円あったはずの通帳の残高が、ほとんどゼロになっていた。もう後には引けない。右にも左にも行けない。いっそのこと死んでしまおうか、と考えたこともあった。だが、ビルの屋上から下を見下ろした時、「ここで死んだら、あることないことを書かれるだろうな」という考えが頭をよぎって、辛うじて思いとどまった。

ライオネス飛鳥は、一年間口を利いていなかったジャガー横田に電話をかけた。

# 第六章

# 親衛隊

少女たちは親衛隊をつくり、二人の後を追った。「こっちを三秒見た」「なぜ、こちらを見ないの?」。その一挙手一投足が事件になる。

一九八五年の夏に大阪城ホールで行われた長与千種とダンプ松本の髪切りマッチは、関西では大問題になりました。日曜日のお茶の間に大流血シーンが映し出されたからです。放送した関西テレビにはクレームが殺到し、結局、関西地区の「全日本女子プロレス中継」は打ち切られてしまいました。

それでも、不良少女から女子プロレスマニアへと急速に変貌し、髪切りマッチを会場で目撃した私が、テレビがなくなったくらいでクラッシュ・ギャルズを忘れることなど絶対にあり得ません。

中学三年生の私は、受験勉強に真剣に取り組みました。母が薦めるお嬢様高校を受験しよう。合格して母を納得させた上でクラッシュ・ギャルズの親衛隊に入ろう。私はそのことだけを考えて必死に勉強しました。結果は合格、しかもトップクラスでした。

ノルマを達成した私は、あとは好きなようにやらせてもらおうと、早速『デラックス・プロレス』で親衛隊員を募集する住所宛に手紙を書いてアプローチしました。

当時、クラッシュ・ギャルズの親衛隊はいくつもありました。有名だったのは「ラジカル」「WING」「風林火山」「ソルジャー」「とぅいんくる」「Victory」「フェニックス」の七つです。

一九八〇年代はアイドルの全盛時代。〝アイドルの親衛隊〟というシステムが生まれたのはファンを統制するためです。恋愛経験もない十代の女の子たちが自分の恋愛感情を全開にしてぶつけようとするから、交通整理しないと大変なことになる。何らかのシステムを作らないと危ない、ということで作られました。

クラッシュ・ギャルズの親衛隊もアイドルの親衛隊と同様にハッピを着て、メガホンとポンポンを持って応援します。

親衛隊はそれぞれ独自のハッピを作っていました。ソルジャーはピンクと水色、WINGは緑色です。とぅいんくるだけは唯一、千種ファンは赤、飛鳥ファンは青とはじめから色分けされていました。もちろんほとんどの子は赤いハッピ。千種の人気は圧倒的でした。

私が入ったのはWING。本部は関東にあり、私たちは関西支部を名乗っていました。隊員は関東関西含めて四十名ちょっと。他の親衛隊にも大体五十人前後の隊員がいたはずです。私たち下っぱの上には副隊長がいて、その上に隊長と幹部がいるというまるで軍隊のようなタテ社会。身分は年齢と在籍期間で決まります。入ったばかりの人間は、幹部とさえほとんど口を利けません。

親衛隊の幹部同士には横のつながりがあり、クラッシュが歌う時のコールや振り付けも共通のものを作っていました。会場で集まると、幹部同士で話し合ってその日のコールをリードするグループを決めるのです。

親衛隊のメンバーは、試合はもちろんコンサートからイベント、サイン会に至るまで、行ける限りどこにでも行きます。何も知らない女子高生があちこち行くから、団体行動をとらないと危ない。だからひとりでもふたりでもなく、三人から二十人くらいが一緒に動くんです。

私の高校は神戸の山奥にあるお嬢様学校。大阪郊外の家からは一時間半かかります。それでも、終電で帰れる限り全部行くつもりだったので、大阪だろうが京都だろうが滋賀だろうが和歌山だろうが学校が終わった後に行きました。

ある日、奈良の試合がありました。大阪、京都を跨いで二時間半くらいかかるので、授業の後の終わりの会に出席すると予定の電車に間に合わない。そこで授業が終わった瞬間に廊下に飛び出したのですが、運悪く先生に捕まって押し問答になりました。

職員室で学年の担任全員に囲まれて「どういうつもりで抜け出したんや」と糾弾されました。「女子プロレスです」と答えると「何じゃそれは？」と呆れられましたが、担任が「この子の女子プロレス好きは家族も認めているんです」と助け船を出してくれて、私が泣いてしまったので解放されました。「女の涙は武器だ！」とその時に思いましたね。もちろんそのまま奈良に直行です。携帯で終電を調べるなどできない時代ですが、結果的に運良く帰れました。野宿したことは一度もありません。

田舎の駐車場でやる試合だと、お客さんはお年寄りばかり。「オラの町にダンプ松本がやってきたべ」という田舎のお祭りのノリです。女子中高生はほとんどいません。

当時の女子プロレスは学生相手の商売なので、ビッグマッチやコンサート等のイベントはたいてい春休み夏休み冬休みにあります。遠征費を稼ぐためにアルバイトもしました。学校はもちろんアルバイト禁止ですが、学校から遠い家の近所でやればバレることはありません。私には女子プロレスしかないので、親も止められないんです。

上京する時には千種ファンも飛鳥ファンも一緒になって、十人以上で行動します。とにかくお金がなかったので、百六十円の切符を買って大阪から東京まで行った子もいたのだとか。二人部屋のウィークリーマンションに最高十二人で泊まったこともあります。寝袋持参の子もいれば、体育座りで眠る子、椅子や机を利用する子もいました。連日睡眠不足でしたね。

アホみたいな話ですけど、親衛隊の女の子たちは、ステージやリングの上で歌う千種と一秒目が合った、合わないで大騒ぎをするんですよ。その一秒だって本当に目が合ったかどうかわからない。たぶん千種は誰かひとりを見たりはしないでしょう。ただの幻想なんです。でも幻想にもかかわらず、その先一週間のテンションが違ってくる。十代の女の子にとって、人を心底好きになるというのはそういうことなんです。「千種がこっち向いて歌った！」「こっちを三秒見た！」「西側を見たのに、私たちが座っている東側は全然見てくれない！」って。異常な世界でしょう？（笑）。

会場にやってくる女の子たちの多くは、ピンクや水色のポップで可愛らしい服を着ています。〝DLITES（ディライツ）〟というカジュアル服のメーカーが全女と衣装提携したからです。選手がディライツを着ている写真が雑誌に一枚でも載っていれば、みんながその服を買います。千種や飛鳥が「この服がかっこいい」と言えばもちろん買いますし、「このお菓子がおいしい」と言えば必ず食べます。十代の私たちに自分の基準などありません。クラッシュが言うことがすべてなんです。

試合会場やコンサート会場で出待ち入り待ちをするのは当たり前。でも、どこの馬の骨かわからない子が千種に話しかけることはまずありません。一見《いちげん》さんが入れるほど生やさしい世界ではなく、毎日毎日の積み重ねが大切なんです。みんなチェックしていますよ。今日は誰々がきてる、今日はサボった、とか。サイン会に出席した回数も全部です。千種とほんの少しでもしゃべれるのは幹部だけ。飛鳥なら全然大丈夫なんですけど(笑)。

ファンの割合は八対二くらいでしょう。もちろん千種ファンが八割です。

千種には「こんな笑顔を作ればファンは魅了されるだろう」と全部わかっているんですよ。惚れさせるような表情を作り、カメラのフレーミングを意識した上で手の位置を決めている。マイクアピールも仕草も立ち居振る舞いも、すべて計算しているんです。見ている私たちはしょせん高校生ですけど、それでも二十代前半の千種の計算が手に取るようにわかる。「あっ、いまテレビカメラを意識した」とか、「あっ、いま雑誌のカメラを意識した」とか。なにしろ見てる数が圧倒的ですから。千種の計算高さは全員がわかっている。でも嫌いになれないいんです。かっこよすぎて。「あの笑顔にまたやられた！」とみんな言ってました。

千種はいつもサングラスをしています。だからどこを見ているかわからない。楽屋の入口で長時間待って「やっとチコさんがきてくれた！」と思っても、逃げるようにサッと入られてしまったり、目も見てくれず、プレゼントも受け取ってもらえない可能性が高い。たまに立ち止まれば「ソルジャーの幹部よりうちの幹部のしゃべる時間が短かった」「チコさんはとぅいんくるを贔屓《ひいき》している」「私のあげたプレゼントを身につけてくれた」「私のはつけてくれない」といった些細なことが一大事件に発展してしまうんです。無料イベントの場所取り等で、千種ファンが泣いているところもいっぱい見ました。「かわいそうやな、同じ思いをして待ってるのに」と、私は千種ファンに同情していました。

ええ、私は少数派の飛鳥ファンです。

親衛隊に入ると、よく「どっちが好き？」って聞かれるんですけど、私が「飛鳥ファンです」と答えると、必ずといっていいほど「珍しぃーっ」と驚かれました。

飛鳥の安定した下半身はプロレスラーならではで、いつも惚れ惚れしていました。身体能力も高くて、完全無欠のスーパーファイターであるにもかかわらず、自己アピールがすごく下手。「だから千種が光るんだよ」と、見ていてじれったくなるんですけど、でも、ファンは飛鳥の普通っぽくて不器用なところが好きなんです。

ちょっとタレ目で、笑顔が本当に可愛らしい。出待ち入り待ちをしている時に、会報とかちょっとしたものを差し入れるじゃないですか。「ありがとね！」って言われると、もう天にも上る心地がする。

もちろん帰りの電車の中は大盛り上がりです。

「聞いた？　聞いた？　ありがとねって言うた。すごくいい声だったと思わん？　あの笑顔、めっちゃ良くない？」

飛鳥に笑顔を向けられると一カ月元気でいられるんです。ホンマに。飛鳥ファンの間には、千種ファンのようなギスギスした緊張関係はありません。飛鳥同様、アットホームな雰囲気なんです。笑うくらい人数が少なかった、ということもありますけど。

一緒に出待ち入り待ちをしているファン同士が仲良くなることもよくあります。一九八九（平成元）年に全女に入門したバット吉永も飛鳥のファンでした。

「ファンクラブを作りたいんですけど、派閥はイヤなので挨拶にきました」

「じゃあ、一緒にがんばっていきましょうね。同じ関西やし」

そんな会話を交わした後、しばらく経って「最近はこないなあ」と思っていたら、野球のバットを持ってプロレスラーになっていました（笑）。

実はそういう子は意外に多いんです。

FMWからJd'に行ったドレイク森松は同じWINGで千種ファンでしたし、FMWの一期生だったクラッシャー前泊は名古屋で千種の追っかけ。同じFMWのシャーク土屋は千葉で飛鳥の追っかけをしていました。IWAジャパンの市来貴代子ちゃんも神戸で千種の追っかけをしていて、そのあとみなみ鈴香にスライドして「最近は見ないなあ」と思っていたらIWAでデビューしていました。

親衛隊や追っかけになるほどではなくても、長与千種に憧れて女子プロレスラーになった選手はすごく多い。アジャ・コングもダイナマイト関西もキューティー鈴木も尾崎魔弓もみんなそう。良くも悪くも、長与千種に人生を変えられた人たちです。

## 人生の正解はライオネス飛鳥

自分が弱者だったからこそ、強い飛鳥に憧れたんでしょうね。飛鳥が努力してダイエットしたという話を本で読んで「自分も努力をしよう」と高校受験も頑張った。

中学の頃の私は、弱者が虚勢を張って不良になっていた。無理矢理にリンチに加わってはいたけれど、怖くて手を出せずに強い者の後ろに隠れていた。

飛鳥は自分とは全然違う。ひとりで何でもできるナチュラルに強い人間なんだ。本当に強い犬は吠えたりはしない。飛鳥は本当に強い人間だからこそ、虚勢を張ったりはしない。ずっとそう思っていたんです。

ところが、八六年二月にリリースされた「日本美人」を歌うライオネス飛鳥の顔色は青白くなり、身体もどんどん痩せて、視線はいつも右下に落ちていました。胸もお尻の筋肉も落ちて、締まりのない身体の飛鳥が練習をしていないことは明らかでした。

そんな飛鳥を見るのは本当につらかった。両国国技館で黒い水着を着てきた飛鳥を見た時には「これが飛鳥の答えなんだな」と悲しい気持ちになりました。後楽園ホールで芸能拒否宣言したことも、『デラプロ』の取材拒否もショックでした。

私にとって絶対的な存在であり「彼女がやることはすべて正解」と思っていたライオネス飛鳥の像が、ガラガラと崩れ落ちていくような気がしました。

飛鳥はどうして歌を歌ってくれないんだろう？　飛鳥はどうして井田さんの取材を拒否するんだろう？

その理由が、私には全然わかりませんでした。

ひとつだけわかったのは、飛鳥を奪い、黒い水着を着せたのが、元アイドルのロックミュージシャンだったことです。「死ね！」と思いました。いますぐ刺し殺してやりたかった。でも、飛鳥が心奪われたのなら仕方がない、と思いました。恋敵ではあっても、飛鳥が好きならと彼女のＬＰは全部買いました。好きでもないくせに、歌詞を見ないで歌えるようになるまで、何度も何度も聞きました。飛鳥が好きな歌なら、私も聞くしかありません。人生の正解がライオネス飛鳥だったからです。

私たちは待つことにしました。

飛鳥は忙しすぎて、心の均衡を失ってしまっただけだ。飛鳥も悩み苦しむ普通の人間だということがわかっただけでもよかった。飛鳥の座右の銘は「冬は必ず春になる」。だから春になるまで待とう。隊員の仲間みんなでそう言い合いました。

# 第七章

# 引退

クラッシュの分裂、ダンプの引退でアイデンティティを失った長与は、
フリーの格闘家神取しのぶとの対戦に活路を見いだそうとするが。

長与千種の初のソロシングル「100カラットの瞳」はまずまずの売れ行きを示したものの、フジテレビの全日本女子プロレス中継がゴールデンタイムから撤退したことは全日本女子プロレスに大きなダメージを与えた。

全女は常々「二十五歳定年制」を公言している。若くピチピチとした身体の持ち主がプライドを賭けて必死に戦う姿に、少々のエロチシズムを付け加えるのが女子プロレスだ。松永兄弟はそう考えている。

どれほどのスーパースターや功労者であっても、若さと人気を失えばぼろ布のように捨てられる。それが全女なのだ。ジャッキー佐藤が引退したのは二十三歳七カ月。ジャガー横田が引退したのは二十四歳五カ月の時だった。

入門から六年、すでに二十二歳になっていた長与千種に残された時間は少ない。再び新たなるブームを作り出すことは不可能だ。女子中高生のファンは時を経て大人になる。ひとつの世代がアイドルと共に成長し、大人になればアイドルを卒業する。新しい少女たちは新しいアイドルを見つけるものだ。古いアイドルの居場所はどこにもない。

ならば自分はクラッシュ・ギャルズの幻影をできる限りひきずっていこう。長与千種はそう考えた。病気の両親を養わなくてはならない自分は、引退をできる限り引き延ばし、多くの金を稼いでおく必要があるのだ。

千種はひとりで歌い続けた。

八六年十二月には東京の日本青年館と大阪のサンケイホールで初めてのソロコンサートを行い、地方巡業では連日のように「クラッシュ・ギャルズじゃなくてごめんなさい」と謝ってから歌わなくてはならなかった。

同じ頃、自殺を思いとどまったライオネス飛鳥は、当時全女の若手選手のコーチをつとめていたジャガー横田にSOSの電話をかけた。

「もう彼女と一緒にはいられない。助けて」と。

調子がいい時は全然連絡してこないくせに、こんな時ばっかり、と苦笑しながらも、ジャガーは「とにかく道場においで」と若手選手の練習が終わる時間を指定した。

憔悴した表情の飛鳥が道場に顔を出すと、ジャガーは「とにかく今日一日は私と一緒にいなさい」と言った。叱るでも諭すでもなく、ジャガーは飛鳥の話を黙って何時間も聞いた。

以後数日間、ジャガーは自分の実家に飛鳥をかくまった。マンションに置いてあった飛鳥の荷物は、飛鳥の叔母に取りに行ってもらった。それ以来、ライオネス飛鳥は元アイドルのロックミュージシャンに一度も会っていない。

「悪い友達でしたね。最終的には飛鳥を潰すつもりで暗示をかけたとしか思えない」

ジャガー横田は、元アイドルをこう評している。

呪縛の解けた飛鳥は再び全女の選手たちの輪の中に戻った。選手たちも松永兄弟もフジテレビも飛鳥の謝罪を受け入れた。長与千種もまた、傷ついて戻ってきた飛鳥を許した。

八七年一月四日、恒例の後楽園ホール新春興行では八カ月ぶりにクラッシュ・ギャルズが復活した。クラッシュ・ギャルズのテーマ曲「ローリング・ソバット」が流れると、観客席を埋め尽くした少女たちは大きな歓声を上げ、入場するふたりを涙を流しながら見つめた。親衛隊の少女たちも、ポンポンを振りつつ泣いている。

長与千種のボルテージは一気に上がった。これだ。プロレスは、クラッシュ・ギャルズはこうでなくてはならない。

長与千種とライオネス飛鳥は後輩の小倉由美と永堀一恵を相手に素晴らしいパ

フォーマンスを披露した。飛鳥の体調は良く、千種が次にやりたいことをすべて把握していた。千種は飛鳥の好サポートを得て、久しぶりに伸び伸びと戦った。ふたりは、自分たちがクラッシュ・ギャルズであることを存分に楽しんだのだ。

五月二日から四日までの三日間、長与千種のソロコンサート第二弾「STAY」が行われた。最終日にはライオネス飛鳥が友情出演して、千葉県文化会館は異様な熱気に包まれた。幕が下りた直後、千種は汗と涙に光った顔で、飛鳥に「トンちゃん、クラッシュには勝てないよ」と言った。

飛鳥はその言葉に、千種がひとりで歌い続けた日々のつらさを感じとった。

## ダンプが引退したとき、わたしの半分が死んだ

全日本女子プロレスのハードスケジュールは有名だ。クラッシュ・ギャルズ人気がピークだった一九八五年には、なんと年間二百六十九試合を組んでいる。

だが、わずか二年後の八七年には百五十試合しか組めなかった。地方で興行が売れなくなっていたのである。

クラッシュ・ギャルズのブームは去ったと判断した松永兄弟は商品の入れ替えを図

り、給料の高いベテラン選手に次々に引退を勧告していく。八七年十二月にはデビル雅美が引退した。年が明けた八八年一月四日にはダンプ松本が引退を示唆、同月十五日には大森ゆかりも引退を表明した。

長与千種は、自分の引退の時期が着々と近づいていることを感じない訳にはいかなかった。

一九八八年二月二十五日、川崎市体育館は四千五百人という超満員の観客で埋まった。引退するダンプ松本と大森ゆかりがタッグを組み、クラッシュ・ギャルズと対戦したからだ。長与千種、ライオネス飛鳥、ダンプ松本、大森ゆかり。女子プロレス人気の立役者である彼女たちは花の五十五年組と呼ばれる。同期四人が同時にリングに上がるのは最初で最後。客の入りも熱気もクラッシュ・ギャルズの全盛期を彷彿とさせた。

大森ゆかり得意のロメロ・スペシャル（吊り天井）はいつもより高く、ダンプ松本は竹刀攻撃、そして場外乱闘と、悪役レフェリー阿部四郎のサポートを得て長与千種を存分に痛めつけた。

ダンプ松本に鎖で殴られ、フォークで何度も刺されて流血した長与千種がロープにぐったりともたれかかると観客は泣き叫び、灯油缶を奪い取って反撃すると狂喜した。

ダンプ松本も千種同様に血まみれになり、ライオネス飛鳥も、そして大森ゆかりまでもがダンプのフォークの餌食となって、ついに試合終了のゴングが鳴った。

「五十五年組が、引退試合でまさかこういった凄惨な試合を展開するとは、放送席の私、まったく予想もできませんでした」と実況する志生野温夫アナウンサーが、ファンの思いを代弁する。

ところが、さらに意外なことが起こった。中途半端な幕切れに「もう一回」コールが起こると、ダンプ松本がマイクをつかんでこう叫んだのだ。

「長与！　お前とは敵だけじゃ終われないんだ。長与こい！　こっちへこい！」

血まみれのままコーナーポストにもたれていた長与千種は、ダンプが投げて寄こしたマイクを拾ってこう言った。

「やってやるよ。一度は組んでやるよ、お前と！　本当のプロレスってものがどんなものか教えてやるよ！　四人で見せつけてやるよ、プロレスを。大森！　本当にやりたかったプロレスをやるんだ。四人しかできないプロレスをやるんだ！　他に誰もいないんだよ。四人でやるしかできないんだよ！　一緒にやるんだよ！」

大森が、そして飛鳥が了承し、ダンプが長与と握手した。

赤コーナーに千種とダンプ、青コーナーに飛鳥と大森が分かれた。

「これより、五分間のエキジビションマッチを行います」というアナウンスが流れ、ジミー加山こと松永国松が特別レフェリーとしてリングに上がると、まもなくゴングが鳴った。

千種とダンプが合体のラリアットを繰り出し、大森と飛鳥が合体のケサ切りチョップと水平打ちで反撃する。

飛鳥に抱え上げられた千種に大森のラリアットが入ると、すかさずダンプが自ら千種の上になり、千種をフォールさせないように守った。

最後は大森が千種をカバー、ダンプが飛鳥をサソリ固めにとった状態で試合終了のゴングが鳴った。

ジミー加山がダンプと大森の手を上げ、続いてクラッシュの手を上げた。

飛鳥と大森が抱き合い、ダンプは泣きじゃくる長与千種を抱え上げて、ファンの大きな声援に応えた。

エリートだった飛鳥と大森ゆかり、落ちこぼれだった千種とダンプ。入団からすでに八年。レスラーたちの心の中には、毎日のように嫉妬と憎しみが降り積もり、踏み固められていく。しかし、どれほどの葛藤があろうとも、いったん試合が始まれば、観客を熱狂させるという目的に向かって一致協力する以外にはない。相手を殴り蹴り、傷つける。相手を気遣い、思いやり、信頼する。すべてが渾然一体となったままフィニッシュへと突き進む。プロレスとはなんと奇妙で魅力的なものなのだろう。

ダンプ松本と大森ゆかりの引退セレモニーをリング下で見守った長与千種は、自分たちの時代の終焉を感じた。『デラプロ』の井田真木子記者は、千種の言葉を次のように書きとどめている。

「あれはね、大森とダンプの引退式じゃないのよ。少なくともうちにとっては、大森とダンプとクラッシュ・ギャルズのうちとトモの引退式だと思う。あの試合が終わったとき、やっぱうちの半分は死んだ。死んだよ。あのね、うち、大森とダンプのテンカウントをリング下で聞きながら自分の半分が、大森とダンプの横でテンカウントを聞いていると思ったん。感じたん。涙がとまらなかったよ。涙。自分が仕掛けておきながら、引退ってこんなに寂しいものだとは知らなかった。リングの下から、千種、おわかれしていたんですよ。ダンプに、大森に、クラッシュ・ギャルズの長与千種に、すべての、すべての、今までの時代に。だからさ、あんとき、クラッシュ・ギャルズの長与千種は死んだんよ。（中略）こういうことをベビーフェースがヒールに対して言うと、ファンの子は怒るかもしれないけれど、これもうちの賭のひとつとして言わせてもらうよ。長与千種にとって、ダンプ松本はかけがえのない人だった。本当に。

あの人が引退するときには、長与千種の半分が無理心中せざるをえないほど、ダンプ松本は、長与千種にとってかけがえのない人だった」（『デラックス・プロレス』八八年五月号）

## 神取しのぶという最後の希望

ダンプ松本と共に、長与千種の半分は死んだ。しかし、半身を失ってなお、長与千種は現役続行を諦めてはいなかった。神取《かんどり》しのぶ（現・忍）との対戦に最後の希望をつないでいたのだ。

神取しのぶは全日本選抜柔道体重別選手権（六六キロ級）三連覇、世界柔道選手権三位、福岡国際女子柔道選手権二位という実績を誇る世界有数の実力者である。

しかし、講道館と直接の関係を持たない町道場の出身だったことから冷遇されて女子プロレスラーに転向、新興のジャパン女子プロレスに入門した。

八六年八月十七日、後楽園ホール。ジャパン女子プロレスの旗揚げ戦のメインイベントに登場したのは神取しのぶと、元ビューティ・ペアのジャッキー佐藤だった。

驚くべきことに、プロレスを始めてからわずか五カ月の神取は、元ビューティ・ペアのジャッキー佐藤を相手に素晴らしい試合を披露して観客の度肝を抜いた。二十四分三十六秒、ジャッキー佐藤のエビ固めによって敗れたものの、神取をジャッキーより弱いと見た者はひとりもいなかった。観戦した井田真木子は「天才じゃないかと思ったわ」と長与千種に報告している。

ところが素晴らしいデビュー戦からわずか半年後、神取はジャパン女子プロレスとの契約更新を拒否する。いつも同じような試合をすることが退屈で仕方がなかった。神取はフリーランスとしてジャパン女子プロレスのリングに上がることを望んだものの、ジャパン女子のフロントは神取の提案を拒否した。フリーランスの女子プロレスラーなど、それまでにひとりも存在しなかったからだ。

ジャパン女子プロレスにはまともな経営者が存在せず、ヤクザまがいの人間がしょっちゅう出入りしていた。フロントは神取に従属を求め、神取は束縛を嫌った。両者の話し合いは当然のように袋小路に入り、とりあえず一シリーズ、二試合限定契約で神取はリングに上がった。

八七年七月六日、東京・葛西スーパーマーケット。神取はタッグマッチでジャッキー佐藤と対戦した。

試合中にジャッキー佐藤が放った左腕のラリアットが負傷していた右目を直撃した

ことに激怒した神取が、次の興行ではジャッキー佐藤とのシングルマッチを組んでほしいとフロントに直談判すると、ジャッキーは神取の対戦要求に即座に応じた。

迎えた七月十八日の大和車体工業体育館。神取はジャッキーを散々に殴りつけると、最後は腕がらみ（キムラロック）でギブアップさせた。試合後、殴られ続けたジャッキーの容貌は一変していた。

メインイベンターを傷つけた神取は、ジャパン女子のフロントに数日間軟禁されたが、神取は隙を見てアメリカに逃亡、日本料理店でバイトして帰りの旅費を稼いで帰国した。

長与千種はデビュー直後から神取しのぶの魅力に惹かれていた。強いばかりでなく、独特の雰囲気を持ち、業界の古い因習から完全に自由な存在だったからだ。

長与千種は全女での居場所を失いつつあり、神取しのぶは対戦相手とギャランティを求めていた。両者の利害は一致していたのだ。

プロレスの天才が格闘技の天才と戦えばどうなるのか？　高い知性と身体能力を持つアスリートを、プロレスのすべてを知る自分が演出すればどうなるのか？

プロレスを誰よりも深く考える長与千種は自分のアイディアに夢中になり、神取しのぶがジャパン女子との専属契約を解除してフリーになると、早速神取を都内のホテルの一室に呼び出した。

会合は数時間に及び、ふたりは意気投合した。

神取しのぶと戦えば、誰も見たことがないほど熱く、純粋な試合ができる。それ以外に自分の引退を押しとどめる方法はない。長与千種はそう確信した。

八七年十月二十日、全日本女子プロレス大田区体育館。WWWA世界シングル王者の大森ゆかりとオールパシフィック王者の長与千種がそれぞれのベルトを賭けて戦ったダブルタイトルマッチは、長与千種が女子プロレス史上初めて披露したムーンサルト・プレスで決着がついた。

試合終了のゴングが鳴った直後、マイクを持った千種がリング下に向かって叫んだ。

「なんだこの野郎、文句あるんならこい！　神取！　お前。文句あるんなら言ってみろ！」

千種が投げつけたマイクを神取が受け取った。

「長与、この野郎よく聞け、本当に実力があるんなら、もうちょっと戦ってみろ！」

マイクは再び長与の手に渡る。

「よし、いつでも勝負してやる。いつでもこい！　首洗ってこい、待ってるぞ！　大森！　お前も死ぬにはまだ早いぞ、待ってるぞ！　飛鳥、お前もいつまでもくすぶってるんじゃねえ、いつでもこい！」

ライオネス飛鳥がマイクをつかみ、長与千種と大森ゆかりと、そしてリング下の神取しのぶを指さしてこう言った。

「お前のベルト、赤も白も自分がいただく。お前もお前も、お前もつぶす！」

再び千種がマイクをとって叫ぶ。

「お前（神取）が売ったケンカ、買ってやるよ。いつでもこい！　いつでもかかってこい、この野郎。大森！　飛鳥！　みんな敵だ！　いつでもやってやる！」

神取しのぶという異物を全女に取り込むことで、大森ゆかりやライオネス飛鳥に刺激を与え、新しい時代を作り上げよう。女子プロレスは「ベビーフェイスとヒールの対立」という単純なドラマを乗り越え、〝誰もが敵〟という戦国時代に突入するのだ。

以前から長与千種は、右のような近未来構想を松永国松に何度も訴え続け、国松は全女の天皇である兄の松永高司会長に千種の希望を伝えていた。

メジャーたる全女のリングに、マイナー団体の選手を上げて客がくるのか？

会長にはとても信じられなかったが、千種がそれほど言うのならと、神取を目黒の中華料理店に呼び出してこう言った。「全女のリングに上がりたいのなら、十月二十日の大田区体育館にきてください」

松永高司会長が知りたかったのは観客の反応だった。会場が神取しのぶの登場で大いに盛り上がるのであれば、神取を全女のリングに上げることにやぶさかではなかった。

ところが観客の反応は極めて鈍かった。テレビに出ていない神取しのぶのことなど、試合を見にくる観客は何ひとつ知らなかったからだ。

観客の鈍い反応を見た松永会長は「神取はたいしたことなかったな」と判断した。団体の意向に逆らうトラブルメーカーを無理して呼ぶ必要はない。人気の衰えた長与千種に高い給料を払いつつ延命させるよりも、新しいスター、第二のクラッシュ・ギャルズを作ることの方が重要だと考えたのである。

神取しのぶ招聘の実現可能性が極めて低くなったことを知って動揺した千種は、今度は『デラプロ』と井田真木子を使って、自分への支持をファンに訴えた。ファンの圧力によって全女のフロントを動かそうとしたのだ。

できあがった選手だけで試合をしているのが全女の現状だ。神取のような外部の素晴らしいレスラーを受け入れれば、閉塞した状況に新鮮な風を吹き込める。長与千種と神取しのぶの試合が観客を感動させられるばかりでなく、神取と戦うことは若いレスラーにとっても大きな財産となるはずだ。

若いレスラーは押さえ込みに勝つことに夢中で、プロレスの本当の面白さを知らない。プロフェッショナルとしての個性を追求しようとしないからつまらない試合しかできない。にもかかわらず全女フロントは「若い子は素人っぽいところが魅力なんだ。あのままでいい」とまで言う。

会社はダンプを超えるヒールを作り出す努力をしていない。ヒールはベビーフェイスの影でいい、という古い考えから抜け出せていないのだ。自分がいくら面白いマッチメイクを考えても、会社は受け入れてくれない。自分のプロレスラーとしての実力を、まったく認めていない。

全女を改革する必要がある。このままなら自分はプロレスをやめなくてはならない。井田真木子を通じて、千種は『デラプロ』の読者に必死に訴えかけた。

ところが、読者の反応は長与千種にとって意外なものだった。

「なぜ女子プロレスを批判するのか」

「千種は女子プロレスが嫌いなのか」

「他の選手が言わない不平不満を、なぜ千種だけが口にするのか」

「千種がやめたら生きていけない。人生に希望を失う。だからやめないでほしい」

『デラプロ』に届けられた読者からの手紙は、千種の全女改革計画を否定する内容ばかりだったのである。

長与千種ほどファンに愛された女子プロレスラーはいない。だが、ファンが愛するのはリング上の長与千種であり、夢の中の長与千種だ。夢の中の完璧なヒロインを演じるからこそ、少女たちは千種を愛する。

ところがいま、長与千種は全女を改革しようと言う。全女という夢は不完全だ、と千種は言う。夢は不合理であっても構わない。他人に理解されなくてもいい。だが、夢は完全でなくてはならない。不完全であれば、そこから少女たちが憎む「現実」が入り込んでくるからだ。

長与千種という夢、クラッシュ・ギャルズという夢を見続けてきた少女たちは、自分が見た女子プロレスという夢が不完全であることを認めることができず、夢にメスを入れて改革しようとする長与千種を批判したのである。

人は人を愛さない。人は自分の中にある夢だけを愛する。ブラウン管の向こう側にいる少女たちが愛したのは、現実のプロレスではなかった。プロレスラー長与千種は、少女たちの夢の中に生きる長与千種に敗北した。すなわち長与千種は、自身が作り出した幻想に敗北したのだ。

## 考える女はいらない

一九八八年二月二十五日に川崎市体育館で行われたダンプ松本&大森ゆかりとクラッシュ・ギャルズの試合は、そのような状況下で行われた。

この試合をマッチメイクしたのは長与千種だった。一選手が対戦カードを決めるなど、長い女子プロレスの歴史でも初めてのことだ。

究極のベビーフェイスである長与千種と全女史上最高のヒールであるダンプ松本がタッグを組むという破天荒なアイディアは観客を唖然とさせ、最後は引退するダンプと大森を前面に立てて感動的なドラマを演出した。

以前から長与千種は「客を呼ぶのは選手ではない。試合なのだ」と繰り返し主張してきた。ダンプと大森の引退試合は長与千種の主張を完全に裏づけるものだった。

四千五百人の観客が熱狂する声に大いに勇気づけられた長与千種は、ついに最後の賭けに出る。

「神取しのぶと戦えないのなら引退します」と松永高司会長に告げたのだ。

クラッシュ・ギャルズは女子プロレスにかつてない熱狂を作り出した。観客の心を自在に動かして時に狂喜させ、時に号泣させた。絶望のどん底から天国の花園へと一瞬で駆け上らせ、女子プロレスラーを目指す少女たちを大量に生み出した。そんなことができるのは天才だけだ。女子プロレスの長い歴史の中で、天才と呼べるのは自分ひとりという強い自負が長与千種にはある。

自惚《うぬぼ》れでは決してない。デビル雅美は「長与千種ほどの天才レスラーは男子を含めても今後百年は出てこない」と断言し、松永国松は「プロレスをやるために生まれてきたような子」と形容し、長く全女の広報部長を務めたロッシーこと小川宏（現・スターダムエグゼクティブプロデューサー）は「長与千種はひとりでもプロレスができる。あれほどの選手は他にいない」と絶賛している。

それほどの才能を会社が知らないはずがない。自分は慰留されるはずだ、と千種は信じた。慰留されればその時「だったら神取とやらせてください」というカードを切るつもりだった。

だが、慰留の言葉はなかった。全女の総帥たる松永高司会長は「わかった。お前にもその時がきたんだな」とだけ言った。引退しろということだ。

松永高司には「プロレスは若いうちが花」という確固たる信念があった。客が見たいのはピチピチとした若い女たちがリング上で躍動する姿であり、すべての感情をさらけ出す全力ファイトだ。女たちは狭い檻《おり》の中でいがみ合い、憎しみ合い、闘犬のように戦ってくれればいい。俺たちはその中で生き残ったヤツを使うだけだ。理屈はいらない。「プロレスとは何か？」と深く考える必要はない。女にモノを考えさせてもロクなことにはならない。考え始めた女には、出ていってもらうほかはない。

松永高司に逆らえる人間は誰もいない。かくして長与千種の引退が決まった。

八月二十五日、長与千種はライオネス飛鳥に敗れてWWWA世界シングル王座の赤いベルトを失った。飛鳥は再戦を要求してタイトルを返上した。明けて八九年一月二十九日の後楽園ホールで行われた再戦では飛鳥が完全決着で勝利。念願の赤いベルトを腰に巻いた。

長与千種が自分の引退を飛鳥に打ちあけたのは八九年三月、一緒に中国を旅行した時のことだ。残留孤児二世である天田麗文（後にFMW入り）の両親を訪ねるというフジテレビの企画に同行したふたりは、上海から南京へと旅していた。

長与千種は二十四歳、ライオネス飛鳥はすでに二十五歳になっていた。

「千種が辞めるのなら、私も辞めようかな」

飛鳥はそう考えた。

プロレスを辞めたら、ふたりとも芸能界に行くことはすでに決まっていた。揃って辞めれば話題になるだろう。

しかし、クラッシュ同時引退のダメージは大きすぎると判断した全女は「千種の引退後はお前中心で行くから」と言って飛鳥を引き留めた。

それがただの口約束にすぎないことは、すぐに明らかになる。八九年五月六日に横浜アリーナで行われた長与千種の引退セレモニーの後、ライオネス飛鳥の扱いは目に見えて悪くなったからだ。すでに全女は、西脇充子とメドゥーサ・ミッシェリーの日米コンビ、そして北斗晶とみなみ鈴香の海狼組（マリンウルフ）を売り出そうと躍起になっていた。

結局ライオネス飛鳥は、長与千種の引退からわずか二カ月後に引退を表明する。

八月二十四日、後楽園ホール。ライオネス飛鳥は一年後輩の立野記代と、引退して中継番組の解説を務めていたジャガー横田を相手に、それぞれ五分ずつのエキジビションマッチを行ってリングを去った。

# 第八章

# 現実と向き合う季節

長与が引退し、飛鳥もその後を追う。共に生きた少女たちにもやがて現実と向きあう季節が訪れる。だが、その夢の残滓を追い続ける者も。

一九八九年五月六日に行われた「レッスル・マリンピアード'89」は、私たちにとって最後のお祭りでした。完成して間もない横浜アリーナで初のプロレス興行となることの日には、スーパースター長与千種の引退試合が行われたからです。

「女子プロレスは終わるんや。今日以上に騒げることは二度とない。だから悔いのないように騒いどこうな」

大阪からの新幹線の中で、私は同じ飛鳥ファンの子たちに言いました。

飛鳥が芸能活動を休止した八六年六月の時点で、クラッシュ・ギャルズ公認の親衛隊は支部を含めて日本中にたくさんありました。

ところが「親衛隊はすべて解散して下さい」という通達が全女から出されたのです。飛鳥は芸能をやめた。クラッシュ・ギャルズはもう歌わない。その代わりに長与千種が「100カラットの瞳」でソロデビューする。だから親衛隊はすべて解散して、長与千種を応援する「CHIGUSA'S CLUB」に一本化してほしい、と。

全女とフジテレビはソロ歌手長与千種の再売り出しを図っていたのです。規制も厳しくなり、クラッシュ親衛隊のハッピの着用も禁じられました。それぞれの親衛隊が独自に作っていた垂れ幕も、巨大な「CHIGUSA'S　CLUB」ひとつになってしまいました。

黒とピンクがあしらわれたCHIGUSA'S　CLUBのジャンパーがハッピのかわりになりました。本人も着たので、千種ファンはとても喜んでいました。

千種には地味に男の子のファンもいたので、全女は面白がって〝BOY'S　CHIGUSA'S　CLUB〟まで作りました。たいした人数は集まらなかったものの、ジャンパーはちゃんと着ていましたね。かっこいい子はひとりもいませんでしたが……。

千種ファンは元々強烈な人ばかり。それまでライバルだった親衛隊が無理矢理にひとつにされたのですから、うまくいくはずがありません。

イベントには多くて百人、少なくとも三十人くらいが集まります。無料イベントであれば良い席と悪い席がどうしても出てくる。CHIGUSA'S　CLUBになってからも親衛隊時代の格差のようなものは脈々と続いていて、「〇〇だったらあっちでいいんちゃうの」と勝手に席を後ろにされたり、図々しく割り込まれて泣いている千種ファンは本当に良く見ました。

## 続けてくれるのならいいよ

一方、少数派の飛鳥ファンは「みんなで仲良くやりましょう」とおだやかなものでしたし、全女からも「勝手にしてください」とまったく相手にされていませんでした。

そんな状況で、私は飛鳥に頼みました。

「ライオネス飛鳥の親衛隊としてWING大阪支部を作りたいんです。私が親衛隊長をやりますから、飛鳥さんの公認をください」と。

直接話をすることは不可能なので、当時飛鳥の付き人をしていた西脇充子さんに手紙を預けて仲介してもらいました。蛇足ですが、西脇充子さんは現在、大相撲の幕内通算最多勝利記録を作って引退した魁皇関の奥様です。

WING大阪支部の飛鳥ファンをまとめていたのは私でしたし、みんなも「やって下さい、ついて行きますから」と言ってくれていたので、私が隊長になるのは必然でした。

飛鳥は「続けてくれるのならいいよ」と公認してくれましたが、精神的に落ち込んでいた時期なので、親衛隊のことなどどうでもよかったかもしれませんね。

ところが、その後「クラッシュ親衛隊だったWINGの大阪支部だけ残されても困る」と全女に言われて、結局つぶされてしまいました。

冗談じゃない、ここまできてやめられないと意地になった私は「だったら私は親衛隊ではなく、ライオネス飛鳥のファンクラブを作ります。これなら全女には関係ないでしょう。もう文句は言わせませんよ」と、もう一度飛鳥にファンクラブの公認をもらいに行ったんです。

「WINGという名前が使えないので、ファンクラブの名前を決めて下さい」と。

飛鳥が名前を決めてくれれば、本当に公認されたと思えるでしょう。飛鳥は「WINNING ROAD」と命名してくれました。WINGの文字が隠されているところがさすがは飛鳥だと感心しました。

メンバーは親衛隊の頃と同じ。WING大阪支部の飛鳥ファンの子五人くらいが、ずっと私についてきてくれたんです。ファンクラブと親衛隊の違いはハッピを着るか着ないかくらい(笑)。ただ親衛隊は応援だけしていればいいけれど、ファンクラブとなるとちゃんとした会報を作らないといけない。自分の思いを文字にすることに、より重点を置くんです。だから会報のボリュームも親衛隊の頃より増やしたし、自分の中ではクオリティも上げたつもりです。

ワープロもない時代なので全部手書き。コピーしてホッチキスでとめました。私ひとりで二十冊、いや三十冊くらいは作ったはずです。飛鳥に渡すのはもちろん、すべてのプロレス雑誌に送り、他のファンクラブと交換もしていましたから。

自分で文章を書くようになると、『デラプロ』で井田真木子さんが書く千種の記事の凄さがさらによくわかるようになりました。プロレス以外の話が延々と続いても、グイグイと引き込まれていく。読み終える頃には「うわっ、また来月も読みたい」という気持ちになる。取り憑かれたように何度も何度も読んで、『デラプロ』の発売日が待ち遠しいんです。

飛鳥がすっかり元気になり、クラッシュ・ギャルズも復活すると、私はさらに一生懸命に会報を作るようになりました。そのうちに、私は三つの夢を抱くようになったんです。

ライオネス飛鳥にインタビューしたい。

長与千種にインタビューしたい。

『デラプロ』の井田真木子さんに会いたい。

いずれもファンクラブの会報を作っているだけでは絶対に不可能なことです。いつしか私は「出版社に入りたい。できればプロレス記者になりたい」と思うようになっていました。

プロレスの仕組みについて初めて耳にしたのはそんな頃でした。

みんなで和歌山の試合に行った時のことです。山奥の、電車も走っていないようなところだったので、みんなと一緒にクルマに乗って行きました。窓の外を見ながら、仲間のひとりがポツリとこう言ったのです。

「この前の千種とレイ・ラニ・カイ（ハワイ出身のプロレスラー）の試合、決まってたらしいで」

試合の勝敗があらかじめ決められていた、という意味です。「何のことだろう？」といぶかる私たちに、彼女は続けて「決まりごととか、わざと流血したりとか、あるらしいで」と言いました。私たちは「エーッ!?」と驚きましたが、それ以上突きつめようとは思いませんでした。

## 時代の終わり

スーパースター長与千種の引退試合は史上最大のお祭りになるはずでした。親衛隊の隊員たちは文字通り日本中から集まってきました。もちろん全員がハッピを着ています。以前、親衛隊をやめた子も「この日ばかりは」と戻ってきました。小さな子供を連れている元親衛隊員もいましたし、引退した選手もたくさん駆けつけてきました。

それでも、横浜アリーナの観客席は超満員にはなりませんでした。今日がピークのはずなのに、二階席にはあまり観客が入っていなかったのです。

二階席の手すりには長与千種への応援メッセージが書かれた無数の横断幕が張り巡らされ、アリーナの中心には二つのリングが並べられていました。

外国人レスラーも数多く呼ばれ、特別レフェリーとして有名なニック・ボックウィンクルもやってきました。

試合が始まると、バトルロイヤルやシングルマッチが二面のリングで同時に行われ、どちらを見ればいいのか迷いました。

クラッシュ・ギャルズの歌のコーナーは一時間近くに及び、すべての曲を熟知している私たちは声の続く限り大きなコールを送り、決められた振り付けで踊りました。

長与千種引退試合となるクラッシュ・ギャルズ対西脇充子&北斗晶の試合は、なぜかメインイベントではなく、真ん中くらいの試合順で行われました。クラッシュは後輩のふたりを問題とせず、最後は長与千種が西脇をパワーボムからフォール。あっけなく最後のゴングが鳴りました。

その瞬間、堀田祐美子が、みなみ鈴香が、立野記代と山崎五紀のJBエンジェルスが、ブル中野が、小倉由美が乱入し、長与千種に次々に襲いかかりました。千種は皆の技をすべて受け、スリーカウントをとられていきます。

長与千種最後の相手はライオネス飛鳥。私たちの応援のボルテージは最大に高まりました。最後は飛鳥が十回転のジャイアントスイング。

「一！　二！　三！　四！　五！　六！　七！　八！　九！　十！」

私たちは声を揃えて数えました。

ついに飛鳥が千種をフォールして、最後のスリーカウントが入りました。

千種の手を高く掲げた飛鳥がリングを下りると、照明が暗転します。

千種にピンスポットが当たると志生野温夫アナウンサーが千種の経歴を紹介し、飛鳥がはなむけの言葉を贈って、最後に千種がマイクを持ちました。

「プロレスラーになれて、本当によかった。プロレスが大好きです。今度また、この世に生まれてきたら、またプロレスをやりたいです。一生のうちで、たくさん、わがままを言いました。ファンの子に、お客さんに、嘘つきました。クラッシュ対決をもう一度やると言ったんですけど、でも、また生まれ変わったらプロレスラーでいられるんだから、もう一度やれるはずです。絶対に今度は嘘をつきません。皆さん、女子プロレスをめいっぱい愛してあげて下さい。一生懸命、これから、どうしようもない私の、私の妹たちが、一生懸命やります。私は妹を置いていって心配ですが、こいつら一生懸命やれると思います。一生懸命、応援をしてあげてください。私、いまから旅に出ます。本当に、私のわがままを聞いてくれた皆さん、そして私のわがままを聞いてくれた妹たち、スタッフの方々、そして両親に感謝してこのリングから下ります。どうもありがとうございました」

二十カウントのゴングが広い横浜アリーナに響き、最後のゴングの余韻が消える直前にクラッシュ・ギャルズのテーマ曲が流れ始めると、赤いテープが再びリングに降り注ぎました。

飛鳥とJBエンジェルスの立野記代&山崎五紀の三人が作った騎馬の上に乗り、片手を高々と突き上げて笑顔の長与千種がリングを去っていくのを、私はただ見つめていました。

千種が去った後、試合は再開されましたが、帰ってしまう観客もいました。クラッシュの最後の歌も聞き、千種の試合も引退式も見て、満足してしまったのでしょう。

この日のメインイベントはライオネス飛鳥対メドゥーサでしたが、熱気の失われた観客席以外、私は何も覚えていません。

千種が引退すると、全女の客層はすっかり変わりました。女の子が減り、ヤクザ風の観客が増えたのです。「ブームが去ると女子プロレスはこうなってしまうんだ」とつらい気持ちになりました。

全女はセクシーな金髪のメドゥーサと西脇充子を大プッシュするようになり、その分飛鳥の試合順を下げました。

飛鳥も不安だったのでしょう。出待ち入り待ちをする私たちと話す時間が少しだけ増えました。数分間足を止めてくれるようになり、しゃべりかけると返事が戻ってきます。飛鳥との距離は確実に縮まりましたが、興行ごとに観客が減り、客層が変わり、全女全体が悪い方向に進んでいることは明らかでした。私たちは複雑な思いで飛鳥の試合を見ていたんです。

結局、千種の引退から二カ月も経たないうちに、飛鳥は「八月の後楽園ホールで引退します」と発表しました。あのライオネス飛鳥が千人ちょっとしか入らない会場で引退すると聞いて、現実を突きつけられたような思いがしたことを覚えています。

一九八九年八月二十四日、ライオネス飛鳥引退試合が行われたこの日、私はもちろん後楽園ホールにいました。

これで親衛隊も最後だ。ファンクラブの会報も作らなくていい。やっと自分の人生を始められる。でもこの先には何もない。好きな人のいないリングを見るのはつらすぎる。自分のすべてだった女子プロレスが終わってしまう――。そんな思いが頭の中をグルグルと回っていきました。

引退試合の相手は立野記代でした。さらに解説席にいたジャガー横田とも五分間のエキジビションマッチを戦って、ライオネス飛鳥はリングを去りました。

私たちがクラッシュ・ギャルズと共に生きた時代は、こうして終わったのです。

## 夢の残滓を追って

プロレス雑誌を買うこともなくなりました。飛鳥が載っていないことが怖くて、手に取ることさえできません。現実を受け入れて立ち読みすることができるようになったのは、何カ月も後になってからです。

その間、短大の二年生だった私は普通に就職活動をして、卒業後はコンピュータ会社に入社しました。ところがわずか三カ月後、私はせっかく入った会社を辞め、『プロレス・ファン』という雑誌を出していたエスエル出版会（後の鹿砦社）という出版社に売り込みに行きました。出版社に入りたい、できればプロレス記者になりたいという夢を捨て切れなかったからです。

もうクラッシュ・ギャルズはいません。私自身も女子プロレスから二年ほど離れていました。それでも不思議なことに、私はプロレスに戻りたかったのです。一九八五年のクラッシュ・ギャルズはそれほど強い影響力を持っていたのでしょう。

兵庫県西宮市のエスエル出版会は、社長と経理のおばさんのふたりしかいない小さな会社です。

「ライオネス飛鳥の会報〝WINNING ROAD〟を作っていた者です。どうしてもプロレスの仕事がしたいんです。何でもしますので、雇っていただけませんか？」

私がこう言って拝み倒すと、社長はしつこく会報を送り続けた私のことを覚えていてくれて、なんと雇ってくれました。

私は創刊二号でストップしていた『プロレス・ファン』を三号目から隔月刊にして、九二年十一月の六号目では井田真木子さんと神取忍の対談を、九三年一月にはライオネス飛鳥と井上京子の対談を実現させました。

「井田真木子さんに会いたい」「飛鳥にインタビューしたい」「千種にインタビューしたい」というファンクラブ時代からの三つの夢のうち、ふたつが叶ったのです。

強い気持ちさえあれば、自分のやりたいことは必ず実現できる。私はそう確信しました。

エスエル出版会は、隔月刊のプロレス雑誌だけを作っていられるほど余裕のある会社ではありません。仕事は伝票整理から始まって、書籍の校正、テープ起こし、占い師の本の編集、自費出版本の編集までなんでもやりました。編集の仕事を教えてくれる人はひとりもいません。それまでに出した本はすべて外注でした。私には本作りのノウハウがまったくなく、わからないことはすべて『プロレス・ファン』のライターさんに電話で聞きましたが、声だけではどうしても限界があります。仕事を教えてもらえないつらさと、外に出て人に会うことの大切さを痛感しました。

そのうちに給料の遅配が続くようになりました。社長は「こいつはプロレスが好きだから、タダでも働くだろう」と思ったんでしょうね。

経験のない私が素人の域を出ていなかったことも事実ですが、お金がなくては生活できません。「私が辞めれば『プロレス・ファン』も終わってしまう」と相当悩んだあげく、私は入社後わずか一年でエスエル出版会を退社しました。

短大時代の友人に紹介されて週刊のプロレス新聞『週刊ファイト』でアルバイトを始め、バイト代はエディタースクールの授業料に回しました。プロレス記事はまだ書かせてもらえず、無署名で「プロレスカルトQ」の連載を担当していました。

一年後、二十三歳の私はもう一度エスエル出版会の社長に会いに行きました。

「申し訳ありません。死ぬ以外は何でもしますから、もう一度雇って下さい」

「よしわかった。その言葉を忘れるなよ。本当に何でもさせるからな」

社長はそう言って、本当に何でもやらせました。エディタースクールで教えてもらったことは何ひとつ役立ちませんでしたが、私は文字通り馬車馬のように働きました。

風俗雑誌を月刊で出すことになり、企画書と創刊号を持たされて尼崎の風俗ビルに飛び込みで広告取りに行ったこともあります。一日に十一軒。あの時はつらかった。好きなプロレスをやるためには風俗店にまで行かないといけないのか、と。ただ人間、開き直ると笑えてくるんですね。八軒目、九軒目になるともうおかしくておかしくて。

「ついでだから、勤めて帰ろうかな。それを広告費に回した方が早いんちゃう?」と思ったほど(笑)。幸いなことに風俗雑誌はすぐにつぶれてくれたので、なんとかお勤めをせずに済みました。

## 終わった夢を掘り返してほしくない

長与千種がプロレスに復帰するという話を聞いたのは、それからまもなくのこと。ショックでした。戻ってきてほしくなかったからです。

クラッシュが引退した後、女子プロレスは火が消えたように寂しくなりました。残されたレスラーは本当につらい日々を送っていたんです。それでも全女ではブル中野を中心に、アジャ・コング、井上京子、豊田真奈美たちが凄い試合を見せることで、状況を少しずつ変えていきました。

一方のジャパン女子は解散してＪＷＰとＬＬＰＷに分裂しました。尾崎魔弓やキューティー鈴木、ダイナマイト関西たち元ジャパン女子の一期生たちはＪＷＰで必死に戦い、神取忍はＬＬＰＷのエースとして活躍していました。

彼女たちの頑張りがあったからこそ、一九九三年から九四年にかけて団体対抗戦が盛り上がったんです。

ようやく形が整ったところに昔の人気選手が戻ってくるなんて、あまりにも図々しい。プロレス雑誌の編集者をしていた私は「我々の聖地を冒すつもりか？」と憤りさえ感じました。

当時千種は二十九歳。筋肉も衰えているだろう、プロとはいえない身体で戻ってくるのだろう、と思いました。今にして思えば二十九歳はまだ充分に若いのですが、当時の私たちは皆「千種は老いぼれた」と言い合っていました。

クラッシュも私たちも一九八九年で燃え尽きた。終わった夢を、いまさら掘り返してほしくない。横浜アリーナで私たちがどんな思いで千種を見送ったかを、千種は全然わかっていない。誰もがそう言っていたんです。

# 第九章　新団体

女子プロレスラーを色物としか見ない芸能界にあって、唯一人表現者としての長与千種の才能を見抜いたのが演出家の「つかこうへい」だった。

プロレスを引退した長与千種は二十四歳で芸能界に転身した。

引退して初めてわかったのは、プロレスは色物でしかないということだった。プロレスが普通のスポーツではないことは確かだ。スポーツ選手の目的は勝利だが、プロレスラーの目的は勝利にはなく、観客の心を動かして、再び会場に足を運んでもらうことにあるからだ。

しかし、肉体だけを使って観客を興奮させ、泣かせ、喜ばせ、怒らせ、悲しませ、驚かせるために、プロレスラーがどれほどの代償を支払っているかを知る者は少ない。

ライオネス飛鳥は肋骨が折れても隠し通し、タイヤのチューブを開いて腹に巻いて試合に出た。膝を負傷して「無理すれば一生歩けなくなりますよ」と医者に忠告された時にも、全治一カ月と診断された重傷を一週間で治して復帰した。

長与千種が場外の椅子に突っ込んでいけば必ずどこかに裂傷を負った。鼓膜が破れることはしょっちゅうだったし、三カ月続けて膝を脱臼したこともあった。

頸椎損傷や、折れた肋骨が内臓に突き刺さるような生命に関わる重傷でない限り、レスラーたちは痛みに耐えつつ試合に出場する。それが彼女たちの仕事だからだ。だが、どのジャンルにおいても、本質を見ようとする者は少ない。

プロレスとは八百長であり、ショーであり、くだらない色物であり、二流のお笑い芸人と同様の存在というのが、ごく普通の見方だろう。

元・女子プロレスラーに回ってくる仕事は、バラエティ番組でバンジージャンプや大食いに挑戦するというものがほとんどだった。たまにドラマに出ても、大柄で鈍そうな女性の役ばかり。長与千種の天才を見抜いたのは、演出家のつかこうへいただひとりであった。

ある日の昼下がり、長与千種は六本木のバーに呼ばれた。開店前の薄暗い店内にはタバコの煙とかすかなアルコールの匂いが漂い、奥の席ではつかこうへいがひとりで酒を飲んでいた。

挨拶もそこそこに、つかこうへいは千種に「マイ・ウェイ」を歌えと言う。歌ったことのない外国の歌を千種がなんとか歌い終わると、「今度は歌詞を見ずに、俺の後について歌え」と言う。一度ではなく、何度も何度も。数十回は歌ったはずだ。するとつかこうへいは「明日から田端にこい」と言った。

田端には劇団の稽古場がある。つかこうへいの芝居に台本はない。脚本家兼演出家が台詞《せりふ》を言い、それを役者が復唱する。演出家の持つメモに書かれている台詞は四割に過ぎず、残りの六割はつかこうへいが役者を見てその場で決める。役者はつかが言う台詞を復唱し暗記しながら芝居を続ける。これを「口立《くちだ》て」と呼ぶ。

初めて田端の稽古場を訪れ、演出家の隣に座らされた千種は、役者たちがリズミカルに繰り返す口立ての台詞を聞いているうちに、いい気持ちになってしまった。まもなく劇作家は驚愕した。素人女優が、自分にもたれかかって眠っていたからだ。

稽古の後、全員で焼き肉店に行った。

「俺はこいつを信じたね」

つかこうへいがいきなりこう切り出したから、今度は千種が驚いた。

「俺に寄りかかって居眠りしたヤツなんか、いままでにいたか？　こういう女が信用できるんだよ」

つかこうへいはまったくの素人である長与千種を主役に立てて「リング・リング・リング」を上演することに決めた。題材は女子プロレスである。

「千種、お前の一年を俺に預けろ。俺は、男も女もお互いを認め合い〝いつか公平〟な時代がくるといいと思って『つかこうへい』と名乗っているんだよ。風呂で寝てしまい、我が子を溺死させた母親がいる。母乳を与えながらうたた寝して、我が子を窒息死させた母親がいる。そういうヤツは一生上を向いて歩いたりはしない。でも俺は、お前たち女子プロレスラーだったら、そういうヤツらにも力を与えることができるような気がするんだよ。女子プロレスってなんだ？　普通若い女はおしゃれをしているのに、お前たちは水着一丁で股ぐらを開いている。チャンピオンベルトといったって、ただのメッキだろ？　俺はいままで女子プロレスを知らなくて、ちょっとだけ見せてもらったけど、あんな若さで、水着一丁で肌をさらしてぶつかっていく姿は、まるで天に向かうひまわりみたいだな」

在日韓国人二世であるつかこうへいは、韓国から日本にやってきた母親の姿を見ながら育った。「なぜ母親はこんな目に遭うのか」「女性はこんな風に扱われるために生まれてきた訳ではない」と感じ続け、憤《いきどお》り続けてきた。長与千種はつかこうへいを「女性に対して深い共感を持つ方」と心から尊敬している。

「リング・リング・リング」の稽古が始まって千種は驚愕した。女子プロレスラーがプロモーターの酒の席に呼ばれて酌をする。ひどい時にはお座敷で試合までさせられる。あの人は女子プロレスなど見たこともないはずなのに、どうしてこんなことを知っているのか？

つかこうへいもまた、長与千種に天性の表現者としての資質を見た。

「前を向いていなくてはいけないのが役者だが、こいつ（長与）は後ろを向いていても見せようとする。リングという四面の世界で見られてきたから、動きに無駄がない」

だが、千種には心配なことがひとつあった。つかこうへい独特の長い台詞を覚えられる自信がまったくなかったのだ。ところが、実際に動きながら口立てで教えられると、不思議なほど台詞が入っていく。

「いいか千種、お前は明日のスターだ。そしてお前が、ストリップだゲテモノだと言われている女子プロレスを変えるんだ。お前はそのためにずっとプロレスをやってきたんだ。床の間に飾れるような〝レディのプロレス〟をやるんだ。自分たちがやりたい戦いができる場所を作れ」

二〇一〇年に亡くなった炯眼《けいがん》の劇作家が芝居の台詞として書いた言葉は、元プロレスラーの心を強く打った。

## 復帰

一九九一年十一月に渋谷のパルコ劇場で上演された「リング・リング・リング」は

劇場始まって以来の入場者数を記録する大ヒットとなり、九三年五月には工藤栄一監督によって映画化された。プロレスシーンの撮影は全日本女子プロレスの全面協力を得て公開で行われ、主役として四年ぶりにリングに上がった長与千種は多くのファンからの声援を浴びた。

まだ動ける。まだやれる。そう実感した二十八歳の千種は、女子プロレスを変えるのは自分しかいないという決意と覚悟を胸に、現役復帰に向けて動き始めた。

全女が女子プロレスを独占した時代はすでに終わっていた。

一九八六年八月にビューティ・ペアで一世を風靡したジャッキー佐藤を復帰させて旗揚げしたジャパン女子プロレスは九二年一月に解散、ＪＷＰとＬＬＰＷに分裂した。一九八九年十月に旗揚げしたＦＭＷは男女混合の団体であった。女子プロレスは四団体時代を迎えていたのだ。

ＪＷＰには師匠のデビル雅美がいた。デビルは、大柄なダイナマイト関西をＪＷＰのエースとして育てていくためには強い相手が必要であり、それには長与千種こそが適任だと考えていた。デビルから誘われた長与千種は、ＪＷＰのリングにフリーランスの立場で復帰することを決めた。

長与千種の復帰戦は一九九三年十一月十八日の横浜文化体育館。美少女キューティー鈴木とタッグを組み、デビル雅美&プラム麻里子と対戦することが決まった。

大会の前宣伝のために開かれた記者会見の席上で長与千種は「キューティーとの新合体技を披露する」と発言したが、前宣伝を行う必要はまったくなかった。長与千種がJWPに出場というニュースが流れただけで、横浜文体のチケットは瞬く間に売り切れたからだ。

試合直前、会場の照明が落とされ、新しいテーマ曲と共に長与千種が入場してくると、クラッシュ以来の女性ファンたちは全員絶叫した。「復帰には反対。チコさんは、私たちがどんな思いで引退を見送ったか全然わかっていない」と散々文句を言っていたファンたちである。だが、いくら文句を言ったところで、ファンはしょせんファンにすぎない。目の前に愛する長与千種が登場すれば、圧倒的な魅力にひれ伏さざるを得ないのだ。

リングアナウンサーでもある山本雅俊のコールを受ける長与千種の頭上から、赤い紙テープが滝のように降り注ぐ。不慣れなJWPのスタッフが「紙テープは投げないでください」と止めると、長与千種の女性ファンたちは「女子プロレスに紙テープはつきものでしょう」と気色ばんだ。

そのうちにJWPの常連男性ファンが、千種の女性ファンにケンカを売った。

「お前らウチのショバにきて、何で長与のファンなんだよ！」

どこか殺伐とした雰囲気が漂う全日本女子プロレスに対して、ＪＷＰのキャッチフレーズは「ピュアハート、ピュアレスリング」。若く可愛いレスラーのひたむきなファイトを売り物にしている。ほのぼのとしたＪＷＰの世界を愛する男性ファンは、長与千種の狂信的な女性ファンを恐れたのだ。

試合開始のゴングが鳴る前から、会場は早くも恐るべき緊迫感に包まれた。ＪＷＰのスタッフたちは全員「しっかりと仕切らないと暴動になるぞ」と緊張している。

試合が盛り上がらないはずがなかった。

リング上で長与千種が見せたキューティー鈴木との合体技は特別なものではなかった。相手をロープに振り、キューティー鈴木がジャンピング・ニーで倒したところに、長与がエルボー・ドロップを落とす。それだけだ。ところがそのエルボーが凄い。充分なタメがあり、凄まじい気迫に満ち溢れ、一撃必殺の説得力を持っていた。長与のエルボーを間近で見たＪＷＰのヤマモこと山本雅俊代表は、プロレス団体を率いる立場でありながら「久しぶりにプロレスを見た」と感じた。

以後、長与千種は定期的にＪＷＰのリングに上がることになる。ＪＷＰが物足りないのはヒールもベビーもいないことだと気づいた長与千種は、自らヒールに回った。

## 究極のマゾヒスト

「ピュアハート、そんなものはクソったれだ。全女はな、やられたらやり返す、やられる前にやる。どっちかだよ。そうじゃないと生き残っていけないんだよ。この仲良しこよしのバカ野郎！」

リング上でそう吐き捨てた千種には、ピュアハートのＪＷＰを愛する男性ファンから大ブーイングが送られた。

究極のベビーフェイスである長与千種は、ヒールがブーイングを受ける時の快感をこの時に初めて理解したという。

クラッシュ・ギャルズ以前からプロレスの構造を深く考えてきた長与千種にとって、ヒールを演じることは難しくはなかった。

ＪＷＰのレスラーたち、すなわち尾崎魔弓、ダイナマイト関西、キューティー鈴木、プラム麻里子らは、いずれも長与千種に憧れてプロレスラーになった人間である。全女のオーディションに落ちてジャパン女子プロレスに入団し、ジャパン女子の解散と共にＪＷＰの旗揚げメンバーとなった。

彼女たちにとって、長与千種は憧れの人であると共に、数百人のファンを引き連れて自分たちの城に乗り込んできた外敵でもあった。チコさんと戦えるのはプロレスラー冥利に尽きるが、自分には守らなければいけないものがある。

しかし、プロレスを深く考えることにおいて、長与千種に太刀打ちできるレスラーはひとりもいない。すでに長与千種は、ＪＷＰのレスラー全員の試合を映像で研究していた。

どうすればこの子たちに屈辱を味わわせ、自分に本気で反発させられるだろう。ＪＷＰのファンたちは、自分の好きなレスラーがどうされたらイヤなのだろう。ヒールとなった長与千種は、そのことだけを考える。

プロレスの天才はすぐに解答を出す。

小柄でプライドの高い尾崎魔弓は、タイムアップギリギリで沈めてしまおう。そうすれば「もう少しで引き分けに持ち込めたのに」とファンはガッカリするはずだ。サンボを習っているプラム麻里子は、彼女が得意とする関節技を逆に使って仕留めてしまおう。そうすれば観客は怒り出すに決まっている。

可愛いキューティー鈴木は一分も経たないうちにつぶしてしまおう。男性ファンはキューティーの可愛い顔を少しでも長く見ていたいから、あっという間に試合を終わらせてしまえば頭にくるに違いない。

他のレスラーとはまったく違う感性の持ち主は、ＪＷＰの山本雅俊代表に次々とアイディアを出す。

「小柄な覆面レスラーのボリショイ・キッドに負けたい」と突然言ってくる。長与がボリショイに負けるとどうなるのかは、誰にもわからない。「尾崎魔弓が入場する時に乱入したい」と言ってきた時には驚いた。ヒールの尾崎に奇襲を仕掛けるというのだ。対戦相手も知らない場面でいきなり大流血したり、何の打ち合わせもないまま、「おいこらっ、次の後楽園ホールで決着をつけるぞ！」と勝手に連続ドラマを作り出してしまう。

長与千種が出すアイディアは常に文句なく面白く、自分と対戦相手の両方を光らせてしまうから、山本代表も従わざるを得ない。

一九九四年五月二十二日、有明コロシアムで長与千種と大流血戦を演じた尾崎魔弓は「長与千種と戦うということは、観客と戦うことだ」と言う。

鉄の棒を長与千種にグリグリと押しつけて痛めつけると、長与ファンが泣き叫ぶ。それがたまらなく面白い。ＪＷＰのリングで自分がブーイングを受けることは滅多にないが、長与千種と戦う時だけは大ブーイングを受ける。次はどうやってファンを泣かせてやろうかとヒールの血が騒ぐ。痛めつけられ、血を流すことをこよなく愛する長与千種は究極のマゾヒストであり変態だ、と尾崎は笑った。

JWPの山本雅俊代表は「JWPの長与千種は光り輝いていた。おそらくは人生で一番プロレスを楽しんだ時期ではないか」と振り返る。

## あえて落ちこぼれを採用

九四年八月、長与千種はついに自らの団体、GAEA JAPAN（ガイア・ジャパン）の設立を発表した。

試合は多くとも月に五試合。試合数を抑えたのは質の高い試合を見せるためだ。プロレスラーには負傷がつきものだから、医療費や入院費は団体が支払う。暴力団との付き合いを避けるためにすべて自主興行にする。プロモーターの酒席には一切つきあわない。

すなわちGAEA JAPANは全日本女子プロレスを反面教師とするプロレス団体だった。

オーディションには元プロレスラーやアマチュアレスリングのエリート等、即戦力が見込める選手もやってきたが、全員落とした。

合格させたのは小柄な選手ばかり。千種が見ていたのは、体力テストで限界に達した時の表情だった。十八歳になったばかりの長与千種が十九歳のライオネス飛鳥と戦った全日本選手権。試合後、負けた長与千種は射るような目で飛鳥を見た。その鋭い目は会場にいたすべての人間を惹きつける圧倒的な魅力を持っていた。その魅力が、底辺で這いずり回っていた落ちこぼれを女子プロレス史上最高のヒロインに変えた。人は百パーセントを出して負けた時、初めてすべての虚飾をかなぐり捨て、自らの本質をさらけ出す。人はその本質にこそ魅了される。千種はそのことを自分の体験で知っていたのである。

「今日からプロレスラーとしてリングに上がることだけを考えろ。それ以外のことは全部捨てろ。お前たち、この業界に入って親の死に目に会えると思うな」

長与千種は、オーディションに合格した十三名の練習生にそう言った。

横浜市神奈川区羽沢町にあるＧＡＥＡ ＪＡＰＡＮの道場は、新横浜駅から車で十五分ほどの距離にある。キャベツ畑に囲まれた野菜集荷場を改装した。道場の広さは約八〇坪。天井高は約七メートル。六メートル四方、地上からトップロープまでの高さ二メートル一〇センチのリングを置くためには、これだけの広さと高さが必要だ。

一階にはリングとトレーニング機材、食事用の大きなテーブルと椅子が置かれ、鉄製の外階段が二階の寝室まで続く。若い選手たちはこの新しい道場で寝泊まりし、共同生活を送りつつ、プロレスのイロハを学ぶことになる。

一日のスケジュールは次の通りだ。

起床は朝七時。道場を掃除し、食事を作り、約四キロのランニング。午前中は基礎体力づくり。ウェイトトレーニング、腕立て伏せ、首の強化等を行う。昼食は炭水化物を大量に食べるカーボランチ。良質なタンパク質を摂取するためにゆで卵の白身だけを食べるのは男子のUWFに学んだものだ。プロテインも常備されている。

休憩を挟んで、午後の練習はリング上で行う。ストレッチから始まり、ゴロニャンと呼ばれる前転や後転等のマット運動の後には受け身やロープワークを学び、スパーリングを行う。練習の仕上げはスクワット。最低でも三百回、多ければ千回続く。

午後五時に練習が終わると三人の食事当番が夕食を作り始め、他の人間は近くの薬局に買い出しに行ったり、つかの間の自由時間を楽しむ。

夕食は六時半。テーブルのスペースが限られているから、若い選手が食べるのは八時頃になってしまう。食べることもレスラーの仕事だ。十五歳で入団した里村明衣子《めいこ》は体重が四八キロしかなく、十キロ太れと長与千種から厳命され、目の前で何杯もご飯をおかわりさせられた。

外出もできるが、門限は八時である。

道場の風呂は狭く、一人しか入れないから、最後の人間が入るのは十一時になってしまう。就寝は十二時前後だが、遅くまで起きている選手もたまにいる。

化粧禁止、携帯電話禁止。電話機前のベニヤ板には次のように貼り紙がされた。

「事務所、先輩宅以外電話使用禁止。親族にも緊急時以外は禁止。かかってきた場合、三分間で終わらせること」

このような単調な毎日が何年も続く。

## プロレスの基礎

コーチを務めるのはＫＡＯＲＵである。本名・前田薫はアジャ・コングやバイソン木村と同じ一九八六年に全日本女子プロレスに入団した。

アジャとバイソンの同期ふたりがジャングル・ジャックを結成して脚光を浴びたのに対して、前田薫は一向に目が出なかった。思い悩んだ末に全女を退団してユニバーサルに移籍、覆面レスラーのインフェルナルＫＡＯＲＵに変身したものの、たいした活躍もできないままユニバーサルは解散してしまった。

「高い身体能力を持っている上に器用で技も美しい。でも真面目な性格が災いして、見ていて面白いレスラーではなかった」というのが、新人時代にコーチしたジャガー横田のKAORU評だ。ライオネス飛鳥にも近いという。

だが、プロレスの基礎を教えるコーチとしては最高だった。長与千種はKAORUを「プロレスの教科書」と呼ぶ。技のひとつひとつが美しく、教え方も丁寧でわかりやすいからだ。

若い選手が最初に教えられるのは挨拶である。常に大きな声で受け答えをし、リングに上がる時には必ず一礼してから上がる。

プロレスの基礎は受け身である。相手に投げられてもケガをしない技術。それこそがプロレスで最も重要な技術なのだ。

女子プロレスの受け身は柔道に由来し、大きく三段階に分かれる。

初期段階の受け身は、柔道とほとんど変わらない。前受け身ならば、膝立ちの状態から前に倒れる。その際に上腕と手のひら全体で体重を支えて顔を守る。後ろ受け身ならば、仰向けに寝た状態から両手を上げ、横に広げてマットを強く叩く。横受け身ならば、やはり仰向けに寝た状態で腰から下を持ち上げ、横にバタンと倒す。倒す際に足をやや広げ、膝同士、踝《くるぶし》同士をぶつけないようにする。同時に片腕でマットを強く叩く。

柔道には存在しないロープワークの初歩も教えられる。ロープに向かって右、左、右と三歩歩いてクルリと向き直り、ロープにもたれかかる。たったこれだけのことがすでに痛い。繰り返せば背中にくっきりとアザができる。

第二段階に入ると、受け身もロープワークもやや難しくなる。

前受け身と後ろ受け身は中腰からになり、やがて立った状態から行う。立ったまま後ろ向きに倒れるなど、格闘技では絶対にありえない。選手たちは本能的な恐怖と戦いつつ、必死に顎を引き、両手を広げて思い切りマットを叩いて受け身を取るが、それでも脳が揺れる。横受け身は、片手をついてマットに転がり、片手と両足の側部をマットに叩きつけて止まる。ロープワークも歩幅を合わせて小走りに行う。

右のすべてができるようになると、受け身は最終段階に入る。〝空転〟と呼ばれるものだ。手を使わず、空中でクルッと前転して、横受け身の体勢で受け身を取る。

プロレスはショーであり、投げ技は美しくなくてはならない。プロレスの美しい投げ技は、投げる側と投げられる側の共同作業によって成立している。

たとえばAがBを投げようとする。投げられるBはすばやくAの意図を察して、Aが導く方向に飛ぶ。投げられるBは投げるAに一切の負担をかけることなく、Aの手が添えられるだけの状態で飛ぶことが理想だ。

そのために必要なのが〝空転〟である。空転ができるようになるまでには、通常の場合一カ月を要する。

コーチのKAORUが空転に合格点を与えると、初めて技の練習が始まる。

ヘッドロックや首投げ、ストンピング（踏みつけ）やナックル（拳という意味だが実際には上腕部を相手に当てる）という初歩的な技から始まり、やがてスクールボーイ（横入り式エビ固め）、ボディスラム、ドロップキック、逆エビ固め、キャメルクラッチ、スモール・パッケージ・ホールド等の基本技を学ぶ。

これらの基本技をひと通り習得すると、次の段階ではいくつかを組み合わせる。

たとえばAとBがスタンドのポジションで組み合い、AがBをロープに押し込み、ナックルを一発入れた後、さらにBをロープに振り、戻ってきたところを殴ろうとする。

ところがロープに振られたBは身体を沈め、殴ろうとするAの腕を避けて、そのままスクールボーイで押さえ込む。

このようなパターン化された一連の動きを〝コンビネーション〟と呼ぶ。教えられたコンビネーションを何度も繰り返して身体に覚え込ませる。何種類もあるコンビネーションを組み合わせれば、たとえば三分間のスパーリングができる。いくつかの音を組み合わせてフレーズを作り、フレーズを組み合わせて作曲するようなものだ。技の数を増やしつつ、五分、八分、十分とスパーリング時間を徐々に長くしていく。時間が長くなれば当然スタミナが必要になる。

プロレスのスパーリングは相手に勝つためのものではない。相手のスピードに合わせ、相手がやりたいことを察知する能力、自分がやりたいことを無言のうちに相手に伝える表現力が必要になる。ミュージシャンがアドリブで行うセッションのようなものだ。

ここまでできるようになれば、一人前のプロレスラーである。

これこそがプロレスの「試合」だからだ。

## 真実を新人に教える

「相手と組む時も、ヘッドロックも首投げも、あらゆる技は右腕や右足を中心にしてやりなさい」

「ボディスラムを受ける際は、相手が投げやすいように重心を移動しなさい」

このような教えを繰り返し受けるうち、若い選手たちはプロレスが勝利を目指すスポーツではなく、様式美を追求する一種の演劇であり、パフォーマンスであることに直面せざるを得ない。

一九九〇年代半ば、プロレスが純然たるスポーツであると信じる人間は多数派ではなかったものの、ナイーブな選手も中にはいた。

コーチは細心の注意を払って、若い選手の心中を推し量りつつ、言葉を慎重に選んでプロレスの真実を伝えていく。

「プロと言われたいのなら、相手の技を上手に受けたいでしょう？　対戦相手に負担をかけずに技をきれいに見せるのがプロの仕事なんだよ」

「決まりごとのない試合を月に四試合もやるのは不可能なんだ。ケガをしてしまうからね。私たちはプロである以上、相手にケガをさせてはいけない。そのためにこういう『形』が必要になる。形があるからこそ、流れるような試合が成立するんだよ」

微妙な問題を語る際に直接的な言い方を避け、曖昧な表現を使って遠回しに伝えつつ、なおかつ相手に自分の意図を明確に理解させる。日本語は婉曲表現にこそ真価を発揮する言語だ。多くの若い選手たちは現実を受け入れて、プロレスの世界で生きていく決意を固めた。だが、何人かの選手は現実を受け入れることができずに幻滅して辞めていった。

残った選手に表現力を教えるのは長与千種の仕事だ。KAORUにはできない。

千種は若い選手に繰り返し言った。

自分の痛みがお客さんに伝わらなければ、痛いことにはならない。自分の苦しみが伝わらなければ、苦しいことにはならない。

たとえば試合中に口の中を切った。そうしたら、その血をパッとリングに吐きなさい。白いマットの上に赤い血が落ちれば、お客さんにもはっきりとわかるから。これはあの子の血なんだ。あの子が口の中を切ったんだ。あの子は今、痛いんだ、と。

見ているお客さんにも自分の痛みを味わってもらおう。試合の中に入ってきてもらうんだ。自分の技を受けてフラフラになった相手が必死に起き上がってきたら「こいつは凄いヤツだ！」と、お客さんと一緒に驚かなくちゃいけない。

勝った喜び、敗けた悔しさ、敵に背中を見せない勇気。これらすべてをお客さんに伝えるのがプロレスラーの仕事だよ。相手を攻撃したり、相手の攻撃を受けていく中で、お客さんに自分の痛みと感情を伝えること。それこそがプロレスラーにとって最も重要な技術なんだ。

頭の中でシーンを浮かべておかなければ、リングの上で突然かっこいいことができるはずがない。どんな人のどんな技でもいい。頭の中で繰り返し思い浮かべてごらん。そのうちに自分を輝かせてくれるシーンが必ず浮かんでくるから。

リング上のレスラーは四方八方から見られている。だから、表情も声も指先も足先も背中も、全部を使って自分を表現しなさい。

私たちレスラーはお客さんと会話をしている。プロレスは技術じゃない。言葉なんだ。どれほどきれいな技ができたとしても、それだけでは何にもならない。ただ技を出していくだけなら、それは体操でしかない。

プロレスは精神的な、頭を使うスポーツなんだ。

## 旗揚げ戦

GAEA JAPANの旗揚げ戦は、一期生たちの入寮から半年後に設定された。試合で集中を欠けばあっという間にケガをする。軽傷で済めばいいが、ひとつ間違えれば首の骨を折ってしまう。自分は人の命を預かっているのだ。重大な責任を感じる長与千種は竹刀で容赦なく選手たちの背中を叩き、限界まで鍛え上げた。

そして迎えた九五年四月十五日。後楽園ホールで行われたGAEA JAPANの旗揚げ戦は衝撃的なものだった。新人選手たちはドロップキックやボディスラム等の初歩的な技しか持っていないにもかかわらず、観客を熱狂の渦に巻き込んだのだ。

鍛え上げられた肉体、敵に背中を見せない闘志。勝った喜び、負けた悔しさ。それらすべてが、豊かな表情と、指先から足の先まですべてを使う身体表現によって最後列の観客にまで伝わっていった。

天才・長与千種が持てるエネルギーのすべてを注ぎ込んで作り出した選手たちを、専門誌は「驚異の新人」と絶賛した。

# 第十章　冬の時代に輝く

引退後、芸能活動に行き詰ったライオネス飛鳥は、衰退期に入りつつあった女子プロレスに復帰。苦悩の果てにヒールに転向して、ついにプロレスに開眼する。

長与千種が率いるGAEA JAPANが快進撃を開始した頃、ライオネス飛鳥は絶望の淵に沈んでいた。全日本女子プロレスを辞めて芸能界入りしたものの、たいした仕事はこなかった。Vシネマや映画にスケ番や女ヤクザの役で出演する程度だ。友人の三原じゅん子に誘われて自動車レースも始めた。確かに面白かったが、収入にはまったく結びつかなかった。

そんな安手のタレント生活を五年ほど続けていた飛鳥の耳に、長与千種がプロレスに復帰するというニュースが入ってきた。千種が復帰するのなら、私にだってできないはずがない。そう考えたライオネス飛鳥は、すぐにプロレスへの復帰を決めた。

二十六歳で引退したライオネス飛鳥が三十一歳で復帰するまでの五年間に、女子プロレスはすっかり変貌していた。

全日本女子プロレスはクラッシュ・ギャルズに続くベビーフェイスのペアを次々に用意したものの、偉大なるクラッシュ・ギャルズの代役が簡単に見つかるはずもなく、観客は減少の一途を辿り、テレビ中継はゴールデンタイムを去って深夜の時間帯へと移った。

かつて会場を埋め尽くした女子中高生の観客は激減し、エロを求める男性客が増えた。地方巡業では柄の悪い客が飛ばす下品な野次が閑散とした客席に響いた。

そんな中、これまでの全女の方向性をまったく変えてしまう大事件が起こる。九〇年一月、ライオネス飛鳥の引退以後空位になっていたWWWA世界シングル王者の赤いベルトを、ヒール（悪役）であるブル中野が巻いたのだ。

赤いベルトは全女のシンボルである。外国人ヒールが一時的に腰に巻くことはあっても、基本的にはベビーフェイスのトップレスラーが保持するものだ。

その赤いベルトがヒールであるブル中野の腰に巻かれたことは、ふたつのことを意味していた。

ひとつは、ヒールがベビーフェイスを散々に痛めつけ、観客の悲鳴と怒りの頂点でベビーフェイスが逆転に転じ、見事勝利を得るという古典的な構図が崩壊したこと。

もうひとつは、右の構図が成り立たない以上、ベビーフェイスだろうがヒールであろうが、力と技と表現力で相手を圧倒し、観客を最も魅了した者が全女のトップとなる時代が到来したことだ。

クラッシュ・ギャルズに憧れ、かつてない高倍率のオーディションを突破して入門を果たした全女の若手選手たちは、いわばスーパーエリートである。

大柄で骨太でしっかりとした体格を持ち、高い身体能力と表現能力を兼ね備える彼女たちは、全国津々浦々を巡業するハードスケジュールをこなしつつ、上昇志向と嫉妬が渦を巻く溶鉱炉の中で鍛え上げられていく。

もはやベビーフェイスのアイドル人気には頼れない。全女史上最も高いレベルの選手たちは生き残りをかけて必死に戦った。試合のテンポは速くなり、技の応酬は激しくなった。立ち技系格闘技のK−1グランプリが人気を集めていた影響もあって、女子プロレスでも首から上を蹴る選手が増えた。無数のスープレックスが次々に生み出されたが、いくつかは極めて受け身を取りにくいものだった。

一九八〇年代までは顔の中心部や身体の中心部を攻撃することはタブーだった。「首から上は鍛えることができない。それをやってしまっては、もうプロレスではなくなる」とジャガー横田は警鐘を鳴らしたが、自らの地位を守るために、あるいは先輩を超えて上に行くために、選手たちは「プロレスではないプロレス」という前人未踏の領域へと突っ走っていった。

きっかけを作ったのは北斗晶だった。

クラッシュ時代の一九八七年四月に首の骨を折る重傷を負いながらも、執念でリングに復帰した北斗晶（当時は宇野久子）は、本来頭も良く、面倒見の良い人格者である。しかし、ブル中野とアジャ・コングのふたりが凄まじい戦いを見せ、豊田真奈美、井上京子というふたりの天才レスラーが大活躍するようになると、居場所を失った北斗の試合順は前の方に動かされていく。気がつけば北斗晶は極めて危険な選手になっていた。伸び盛りの若手が、北斗の相手をするたびに負傷していくのである。

北斗にダブルアームで抱えられ、そのまま頭から落とされたバイソン木村は背中の骨を折り、井上京子は肩胛骨を折られた。

受け身が取れるように落とすことはプロレスの最低限のルールだ。

「どんなに激しい試合をしてもいい。ただ、明日も相手をリングに立たせる。その責任の中で試合をやりなさい」

選手たちは常々そう言われながら試合をしている。

しかし、北斗晶は最低限のルールを破った。

今井良晴《ながはる》リングアナウンサーは北斗に抗議した。自分の地位を守るために、若い選手に重傷を負わせるのがお前のプロレスなのか。北斗の才能を惜しむがゆえの諫言《かんげん》だった。

だが、北斗は激昂《げきこう》した。自分の試合順を前にされることを阻止するためには、全女で生き残るためにはどんなことでもする。たかがリングアナウンサーに何がわかるか。かつて北斗は生命を危ぶまれるほどの重傷をリング上で負っている。ケガをすること、ケガをさせることの意味を誰よりも知っている。それでも北斗は生き残るために、危険な技を繰り出さずにはいられなかった。

後輩たちが北斗に文句を言うことはできない。いくら危険を感じても、先輩の技は受けなくてはならないのだ。上下関係は絶対であり、控え室や宿舎で殴られても「すみませんでした」と答える以外は許されない。北斗が後輩ふたりを負傷させた技はまもなく禁止されたが、北斗に痛めつけられたレスラーとその仲間は復讐に燃えた。後輩が先輩を痛めつけることを許されるのはリングの上だけなのだ。

かくして一九九〇年代前半の全女のリングでは、世界で最も危険で陰惨で殺伐としたプロレスが展開されることになった。女たちが自分の全存在を賭けて戦う姿には、恐ろしいほどの魅力があった。

そんな全女の危険なプロレスの魅力は、団体対抗戦という舞台でも花開いた。

団体対抗戦のアイディアは、もともと大仁田厚率いる男女混合団体ＦＭＷから全日本女子プロレスに持ち込まれたものだ。

女子プロレス界唯一のメジャー団体である全日本女子プロレスはFMWだけではなくJWP、LLPWの両団体にも働きかけ、男子プロレスでは決してあり得ないオールスター戦を実現させた。

九三年四月に横浜アリーナで行われた「夢のオールスター戦」から九四年十一月に東京ドームで行われた「憧夢超女大戦」までのおよそ二年弱の間、女子プロレス人気は沸騰した。長与千種の引退式の時でさえ満員にできなかった横浜アリーナばかりか、巨大なスタジアムまでもが大観衆で埋め尽くされた。

テレビ中継が相変わらず深夜枠に留まっていたこともあって、女子プロレス人気が一般社会に広がることはなかった。女子中高生が観客のほとんどを占めたクラッシュ・ギャルズの時代とは大きく異なり、団体対抗戦時代の激しい女子プロレスは、マニアックな男性プロレスファンだけを熱く燃え上がらせていたのである。

テレビに映らない女子プロレスが山本隆司編集長率いる『週刊プロレス』の力を借りて空前の観客を集める中、全日本女子プロレスは恐るべき体力と強靱な精神力、激しさと緊張感で他団体を圧倒していた。

## 時代遅れのレスラー

ライオネス飛鳥が五年ぶりに全女のリングに上がったのは、団体対抗戦時代に一応の終止符が打たれた一九九四年十一月の東京ドーム大会だった。

十二月からはジャガー横田、バイソン木村と共に雷神隊（ライディーン・アレイ）を結成、全女に本格的に参戦した。

だが、復帰組である雷神隊を支持する観客はほとんどいなかった。女子プロレスを愛する男性ファンたちは、飛鳥やジャガーを時代遅れのレスラーと見なしたのだ。

プロレスの質も大きく変化していた。

クラッシュ・ギャルズ時代までのプロレスはごくシンプルなものだった。決まりごとが少なく、優れたレスラーは時間経過と観客の反応を確かめつつ、自在に試合をコントロールしてドラマチックな結末を作り出した。

ところが団体対抗戦時代のプロレスでは、試合開始からフィニッシュまでの動きがすべて決められていた。アドリブの入り込む余地はほとんどなく、選手たちは綿密に決められたプロットに従って試合を進めていく。

長与千種以後、女子プロレスの技の種類は飛躍的に増えた。レスラーたちはそれぞれオリジナルのスープレックスやパワーボムを持つようになった。試合中の選手たちはプロットと、相手が次々に繰り出すオリジナル技の受け身を必死に考えている。プロットを忘れれば試合がストップするし、受け身を忘れればケガをしてしまう。本来、観客に向けられるべき集中力がプロットを追うことに使われる。一九九〇年代の女子プロレスがどこか機械的でデジタルな雰囲気を持つのはそのためだ。

危険な技の応酬が果てしなく繰り返される新時代のプロレスに、ジャガー横田とライオネス飛鳥はまったく対応できなかった。

後輩たちもまた、雷神隊を快く迎え入れたわけではなかった。

当然だろう。クラッシュ・ギャルズが去った後、ブル中野やアジャ・コングたちは身体を張って全女のリングを守り抜いた。死にもの狂いの努力の果てに現在の繁栄がある。出戻りの飛鳥やジャガーに、自分たちの居場所を明け渡さなければならない理由はひとつもない。とっくに終わったレスラーたちが、いまさら帰ってきて何をするというのか。

全女の後輩たちは新時代のプロレスに対応できない雷神隊を翻弄し、存分に痛めつけた。飛鳥はみじめだった。

やがて雷神隊は観客の支持が得られないことを理由に一試合あたりのギャラを半分

に減らされ、試合数も収入も激減した。その上、飛鳥は所属事務所との金銭トラブルまで抱えてしまった。

そもそも飛鳥、ジャガー、バイソンの復帰は、全女の松永会長に金を貸していた少々怪しげな会社による新団体結成計画の一環であり、旗揚げは九五年秋に予定されていた。しかし、会社の経営状態は急速に悪化し、給料の支払いも停止してしまう。当然のように新団体計画は頓挫し、三人の中で唯一正式な契約書を取り交わしていた飛鳥が契約解除のために必死に走り回る中、ジャガーとバイソンは、別に新団体設立を準備していた吉本興業と水面下で話を進めていた。

吉本興業は、強さや激しさの点で全女に対抗するのは不可能と考え、女性らしさと美しさを新団体・吉本女子プロレスJd'（ジェイ・ディー）の売りにしようと考えた。Jd'とはジャンヌ・ダルクのこと。団体のコンセプトはビューティ・アスリートである。

プロレスファンの間で知名度があり、女性的な魅力もあるバイソン木村を当面のエースに押し立て、ジャガー横田をコーチ兼選手に据えれば、数年後には選手育成に定評のあるジャガーが次代のエースを育て上げてくれるだろう。

ある夜、飛鳥がクルマでジャガーを自宅まで送り届けたことがあった。

車中でジャガーは飛鳥に「私とバイソンは吉本に行くことになったから」と告げた。ジャガーの話を聞くうちに、どうやら吉本興業の構想から自分は外れているらしいと飛鳥にはわかった。

「わかりました。私がジャガーさんの立場でも、同じ選択をしたと思います」

飛鳥は気丈に振る舞ったものの、ジャガーを下ろしてまもなくクルマを道端に止めた。ジャガーとバイソンには声がかかり、自分にはかからなかった。ついにひとりぼっちになってしまった。この先自分はどうすればいいのか。様々な思いが頭の中を駆け巡り、飛鳥はハンドルに突っ伏して号泣した。

## ヒールへ転向する

秋頃からは体調までおかしくなってきた。疲労感、倦怠感が続いて練習もできない。体重もみるみる落ちていく。糖尿病の検査も受けてみたが、血糖値に異常はなかった。

「もしかしたら甲状腺かもしれない」

母親を継いで看護婦となっていた姉が検査の手配をしてくれた。結果はやはり甲状腺ホルモン異常。いわゆるバセドウ病である。母親と同じ病だった。

九五年十二月四日の両国国技館大会。ライオネス飛鳥はブル中野の負傷欠場によって、急遽北斗晶&下田美馬組と一対二のハンディキャップマッチを行ったが、飛鳥の体調は最悪で、軽量の下田美馬をジャイアントスイングで一回も回すことができなかった。

まったくいいところを出せない飛鳥を、「東京スポーツ」は「ライオネス飛鳥はゴミ同然。復帰するべきではなかった」と酷評した。

「座っているだけでフルマラソンを走るような疲労感」と飛鳥が形容するバセドウ病は、年末には緊急入院という事態にまで進行した。心拍数は常時百を超え、机の上のコップを手に取ることすらできない。飛鳥はこの時から毎日欠かさず薬を飲み続け、現在も定期的に検査に通っている。

一九九六年の正月を昭和大学病院で迎え、一カ月後に退院した飛鳥は、しばらく静養した後、ふたたび全女のリングに復帰した。身体は相変わらず動かないが、生活のためには試合に出場しなくてはならなかった。

しばらくすると、当時所属していた事務所の人間になけなしの金を持ち逃げされた。信頼していた友人に裏切られたのだ。泣きっ面に蜂だった。

自分はやはり時代遅れのレスラーなのか。もうプロレスはやめた方がいいのか。失意のどん底で、飛鳥は何度も考えた。

しかし、飛鳥の高いプライドがそれを許さない。ここでやめてしまえば、自分が十年間やってきたプロレスが無意味なものになる。ライオネス飛鳥はこんなことで終わってしまうレスラーではないはずだ。

少し体調が戻ってくると、飛鳥はレスリングと総合格闘技の名門・木口道場に通い、佐藤ルミナらと共にトレーニングを開始した。事態が切迫する中、自分に必要なものはトレーニング以外ないと考えるライオネス飛鳥は尊敬に値する。

だが現実はしばしば残酷なものだ。レスリングのスパーリングでは、レスリングを始めて二年にも満たない十七歳の大野千春に敗れた。まもなく史上初の現役女子高生プロレスラーとなる千春である。当時の千春は一六〇センチ、五〇キロ。自分よりも遥かに小さく、力も弱い相手に完敗した飛鳥は涙を流した。

そんな時、ジャガー横田から久しぶりに電話があった。九六年四月に巨大ディスコのヴェルファーレで行われるＪｄ'のプレ旗揚げ戦のセミファイナルで、自分と戦ってほしいという。

吉本興業をバックとするＪｄ'には資金力も興行力も充分にあった。だが、選手の質と量が圧倒的に足りない。現場を任されたジャガーの目に、新団体の陣容はいかにも貧弱に映った。〝ビューティ・アスリート〟というコンセプトは将来の課題として、旗揚げ戦をそれなりのものにするためには、経験豊富なライオネス飛鳥の力を借りる必要があった。

かつて自分に声をかけなかったＪｄ'のリングに上がることは不本意だったが、ジャガーが「私が責任をとるから飛鳥を呼んでくれ」と交渉してくれたことは素直に嬉しかった。飛鳥はジャガーとまずまずの試合を行い、以後フリーランスとしてＪｄ'のリングに上がるようになる。

薬の力を借りつつも体調が戻ってくると「全女の歴史でも確実に五本の指に入る」(元全女広報部長のロッシー小川)ライオネス飛鳥のアスリートとしての才能が再び輝き始める。

一方、ベビーフェイスのエースとして期待されたバイソン木村は負傷続きでモティベーションを失い、九七年一月には早くも引退を表明。直後に腕を複雑骨折したから、引退試合さえ行われなかった。

エースとなるはずのバイソンが去り、飛鳥は新団体で自分より才能も体格も身体能力も劣る若い選手を相手にしていた。女子プロレス屈指のアスリートがＪｄ'のトップに君臨するのは必然だった。

しかしその一方でＪｄ’の興行成績は苦戦を続けた。定期的に巡業を行い、吉本興業がバックについていたから資金も潤沢だったが、リング上のストーリーに起承転結がなく、見ていてまったくおもしろくなかった。そのために観客動員が伸び悩んでいたのである。若手選手の質が低かったこともあるが、何よりも観客を惹きつけるアイディアに乏しかった。ジャガー横田は女子プロレスの歴史に残る偉大なレスラーだが、観客を呼ぶアイディアは持っていないのだ。

九七年当時の女子プロレスは全女、ＪＷＰ、ＬＬＰＷ、ＦＭＷ、ＧＡＥＡ ＪＡＰＡＮ、Ｊｄ’の六団体。その中でＪｄ’が最後尾を走っていることは確実だった。ライオネス飛鳥はフリーランスの立場ではあったものの、「このままじゃダメだ。なんとかしないといけない」という危機感を持っていた。

まもなくＪｄ’に他団体との提携話がやってきた。ＦＭＷとＬＬＰＷとＪｄ’との間で選手を貸し借りしようという。

すでにＦＭＷにはシャーク土屋率いる猛毒隊、ＬＬＰＷにはイーグル沢井率いる平成ＧＵＲＥＮ隊があった。Ｊｄ’でもヒール軍団を作ってほしい。三つのヒール軍団がやがて合体し、団体を超えて活動すれば話題になる。多団体時代のプロレスにふさわしい素晴らしいアイディアだった。

「飛鳥さん、反対側に行ってみませんか？」

ベビーフェイスの頂点を極めたライオネス飛鳥にヒールへの転向を勧めたのは、FMWのレフェリー伊藤豪であった。

飛鳥は躊躇した。ヒール転向は大きな賭けだ。もし失敗したら、自分が築き上げたイメージのすべてを失ってしまう。しかし、このままベビーフェイスを続けても未来がないことは確かだった。

一九九七年一月十六日のFMW後楽園ホール大会。ライオネス飛鳥はシャーク土屋と工藤めぐみの試合に乱入した。

シャークは凶器を使って工藤を散々に痛めつけていた。突然現われた飛鳥を見て、誰もが「飛鳥が工藤を助けに来てくれた！」と思った。ところが次の瞬間、飛鳥は有刺鉄線をグルグルに巻きつけた木刀で工藤めぐみを思い切り殴りつけた。

観客は意外な展開にあっけにとられ、悪の手先となった飛鳥を罵倒した。

ライオネス飛鳥がリング上で罵倒されたのはこの時が初めて。だが、観客の怒りは確かに自分が作り出したものなのだ。飛鳥はうれしかった。

プロレスの主役はベビーフェイスであり、観客は自分の分身であるベビーフェイスと一体となって試合を見ている。ヒールはベビーフェイスの心理をコントロールすることで、観客の心理をコントロールすることができる。そのためにヒールはベビーフェイスを観察し、理解し、ベビーフェイスよりもずっと深くプロレスを考えなくてはならない。

クラッシュ・ギャルズの頃の飛鳥は、自分の試合以外はプロレスを一切見なかった。飛鳥が好きだったのはプロレスではなく、自分だけだった。

しかし、ヒール転向後は男子も女子も、見られる限りの試合をすべて見た。プロレス雑誌やスポーツ新聞のプロレス欄も隅から隅まで読むようになった。どうすれば観客の心を動かすことができるのか。どうすれば観客を怒らせ、悲しませ、喜ばせることができるのかを必死に考えた。

フリーランスである以上、団体を引っ張るつもりなど毛頭ない。だが、自分が上がるマットが面白くなければ、真っ先にクビを切られる立場であることは百も承知だ。飛鳥は常に新しい話題を作り出す必要を感じていた。

時代は大きく変わっていた。

女子プロレスが多くの観客を惹きつけた時代は終わった。団体対抗戦のブームも去り、女子プロレスに新しい選手はほとんど入ってこない。全女流の押さえ込みはとっくに絶滅している。長与千種のようなカリスマを持つレスラーはいつまでたっても現れず、レスラーたちは危険なプロレスを求める観客の期待にどこまでも応じ続けた結果、相手にケガをさせないという最低限のルールさえ、時に踏み越えてしまった。

時代の針を逆に回すことは誰にもできない。ならばこの流れに乗って一番になろう。ライオネス飛鳥はそう決意した。

プロレスはサバイバルレースだ。誰もが必死に戦っている。上に行かなくては生き残れない。自分が生き残るためにこそ駆け引きがあり、協力があり、切磋琢磨がある。リング上で起こるすべての出来事を自分の頭と身体で作り上げて観客を熱狂の渦に巻き込み、団体に求められるレスラーになること。それこそがプロレスラーの真の戦いなのだ。

## 初めてプロレスに開眼

一九九七年四月、ライオネス飛鳥がJd'内にヒール軍団「裁恐軍《さいきょうぐん》」を結成した頃には、薬の力を借りつつも体調はほぼ回復し、決まりごとの多い九〇年代の女子プロレスにも慣れてきた。

優秀な頭脳を持つ女子プロレス屈指のアスリートが輝きを取り戻すと、どうしようもなかったＪd'にも少しずつ活気が出てきた。

ベビーフェイスは基本的に受動的な存在だ。ヒールがやってきたことにどのように反応するかが重要になる。一方、ヒールは能動的な存在であり、観客とベビーフェイスに対して、常に何かを投げかけていかなくてはならない。

どれだけベビーをいじめれば、客が「ひどい！」と怒り出すようになるのだろう？飛鳥はベビーフェイスと観客の反応を少しずつ探っていく。

ヒール転向は新しいチャレンジではあったものの、未知の世界ではなかった。飛鳥にはベビーフェイスをやっていた時の経験があり、ダンプ松本たちにやられていた時の記憶が脳と身体に刻みつけられていたからだ。

観客を怒らせるために、ダンプは何をしたのか？

観客の怒りを増幅させるために、長与千種はどんな反応をしたのか？

ライオネス飛鳥の優秀な頭脳がフル回転していく。

試合を作る上で重要なのは最初のインパクトだ、と飛鳥は言う。まずベビーフェイスに一発やらせるのか、それとも最初から場外戦に持ち込んで流血させてしまうか。

プロレスの起承転結はヒール、つまり自分が作り出すのだ。

ジャガー横田との関係も変わった。

ヒール転向以前の飛鳥は常にジャガーの庇護を受ける立場だった。守るジャガーと守られる飛鳥の関係は、不思議なことにプライベートだけではなく、リングの中でも続いた。どれほど体格差があっても、飛鳥はジャガー横田を差し置いて光り輝くことはできなかった。

ところが、ヒールとして対峙すると、ジャガーとの関係は一変した。ベビーフェイスのジャガーは受動的な立場が身についている。試合を動かすのはヒールの飛鳥だ。ジャガーは飛鳥の攻撃に敏感に反応する。飛鳥はジャガーにリードされるのではなく、対等か、それ以上の立場で一緒に試合を作っていけるようになったのだ。

かつて毛嫌いしていたマイク・パフォーマンスも、うまく使えば非常に有効であることがわかった。飛鳥は小杉夕子らJd'の若いレスラーに「ヒールにこう罵倒されたら、ベビーのお前はどう言い返す？」と考えさせた。

頭を使えば、プロレスとはこんなに面白いものだったのか。自分は何も知らなかった。黒いマントを翻し、凶器の長机を肩に乗せて花道を入場するライオネス飛鳥は、三十四歳にして初めてプロレスラーの醍醐味を味わっていたのだ。

九七年夏、Jd'で裁恐軍を率いていた飛鳥は、FMWのシャーク土屋、LLPWのイーグル沢井と共に、団体を超えたヒールユニット・平成裁恐猛毒GURENN隊を結成する。
シャーク土屋は凶器攻撃とデスマッチの匂いを濃厚に漂わせる知性派ヒール。イーグル沢井は巨漢でありつつも長い髪に女性らしさを感じさせるパワーファイター。そこに最強アスリートのライオネス飛鳥が加わった。
「すべてが揃った女子プロレス最強のヒール軍団。やりたいことは何でもできるし、怖いものは何もなかった」（シャーク土屋）
シャークの言葉通り、平成裁恐猛毒GUREN隊はFMWの工藤めぐみや中山香里、Jd'のジャガー横田や小杉夕子、LLPWの神取忍や紅夜叉らを血だるまにして、たちまちのうちに女子プロレス界を席巻した。

## 女子プロレス冬の時代

その頃、全女は深刻な経営危機に陥っていた。

東京ドーム大会以後、団体対抗戦は新鮮さを失い、全女の観客動員は大幅に落ち込んだ。それ以上に痛かったのが、サイドビジネスの破綻だった。銀行に誘われるままに三億円もの借金をして秩父の山奥に作ったリング付きの宿泊施設〝リングスター・

フィールド〟はまったく収益を上げることができず、バブル崩壊によって不動産価格は暴落、レストランやカラオケボックスの経営にも失敗した。給料の遅配が続いた結果、アジャ・コング、井上京子ら主力選手が大量に離脱して一気に弱体化した。一九九七年十月、ついに全女は二度目の不渡りを出して銀行取引を停止され、事実上の倒産に追い込まれた。借金は総額で三十五億円に膨れ上った。

松永高司会長の「プロレスは日銭商売だから大丈夫」という言葉で辛うじて活動を継続したものの、女子プロレス界唯一のメジャー団体がインディに転落した衝撃は大きかった。井上京子はネオ・レディースを、アジャ・コングは長く全女広報を務めたロッシーこと小川宏と共にアルシオンを設立した。

女子プロレスは八団体に細分化し、興行ごとに各団体のリングに上がるフリーランスのレスラーばかりが増えていった。

八月にはＪＷＰのプラム麻里子が試合中の事故で死亡した。

女子プロレス冬の時代が始まっていた。

業界全体に沈滞ムードが漂う中、ライオネス飛鳥はひとり絶好調で、男子を含めてもフリーランスの中で最も多くの試合に出場し、平成最恐猛毒ＧＵＲＥＮ隊と共に女子プロレスの話題を独占していた。

九七年七月から八月にかけて行われた男子プロレスラーたちとの三連戦は、ライオネス飛鳥と平成裁恐猛毒GUREN隊のハイライトとなった。

この時期、天龍源一郎率いるWARを離れた冬木弘道、邪道、外道の三人は冬木軍プロモーションを設立、自主興行を行っていた。資金も対戦相手も不足してJd'と提携した冬木軍が「男子対女子」の試合に辿り着くまでに、さほど時間はかからなかった。一九九七年七月二十二日の長崎NCCスタジオで日本プロレス史上初の男女シングルマッチを戦ったのは、冬木弘道とライオネス飛鳥であった。

冬木弘道は一八〇センチ、一二八キロの巨漢。

対する飛鳥は一七〇センチ、七八キロ。女子としては立派な体格だが、冬木との体重差は五十キロもある。

飛鳥が冬木と対戦するためには、体格差の他にもうひとつ問題があった。構えの問題である。

メキシコを除く世界中の男子プロレスラーは、あらゆる技を左腕や左足を中心にかけるように訓練されている。ところが、全日本女子プロレスのレスラーたちは右腕と右足だ。これではプロレスにならない。

試合前の打ち合わせの際、飛鳥は冬木に言った。

「冬木さん、自分は右しかできません」

「全然問題ないよ。俺が合わせるから。どんな技を使うの？」

「冬木さんに使えるのはフライング・ニールキックとか、ムーンサルト・プレス、腕ひしぎ逆十字くらいです」

「わかった。それでいいよ」

簡単な打ち合わせだった。スタートからフィニッシュまでのすべてを決めておいた訳でもない。それでも冬木と飛鳥は見事なプロレスを披露した。

試合開始直前、飛鳥は冬木の股間にパンチを入れるという奇襲攻撃を行い、冬木の首にチェーンを巻きつけた。外国人ヒールのスーパー・レザーも乱入してリング上は大混乱、試合開始を告げるゴングが鳴った時点で、冬木はすでに大流血していた。

さらに飛鳥はボディスラムやムーンサルト・プレス、ハイキックを連打して冬木を追い込む。冬木はパワーボムで反撃するものの、飛鳥の腕ひしぎ逆十字固めに悲鳴を上げ、さらにシャーク土屋の火炎放射を背中に受け、火傷を負った背中を蹴られると白目を剥いてひっくり返った。体格に優る冬木は迫力あるパワーボムとラリアットで反撃するが、逆に飛鳥のワキ固めに捕らえられてしまう。

だが邪道がパイプ椅子を使って冬木を救出、最後は冬木、邪道、外道が三人がかりのスーパーパワーボムで飛鳥からスリーカウントを奪った。試合時間は六分十秒。

ライオネス飛鳥は男子とシングルマッチを戦った初の女子レスラーという称号を得てイメージアップに成功し、〝理不尽大王〟の異名をとる冬木弘道は「女相手に三人がかりでようやく勝った史上最低のレスラー」という悪評判を狙い通り獲得した。観客は卑怯者の冬木を思う存分罵って欲求不満を解消した。誰にとってもハッピーな結末となった。

この試合を成立させた最大の功労者は冬木だった。右構えしかできない飛鳥のために左へ左へと動いて飛鳥の技をかけやすくしたからだ。

「冬木さんは本当に凄いプロレスラーだった」

ライオネス飛鳥は、二〇〇三年三月十九日、直腸ガンのために四十二歳で亡くなった冬木弘道のことを心から尊敬している。

八月五日の札幌中島体育センターでは、ライオネス飛鳥&シャーク土屋&イーグル沢井の平成裁恐猛毒GUREN隊が冬木弘道&邪道&外道の三人に正面から挑んだ。

九分二十二秒、シャーク土屋が外道クラッチで敗れたものの、男子相手に互角以上に戦い、女を上げた三人は「私たち以外に、こんなことができる女子プロレスラーが他にいるか！」と胸を張った。

団体の枠どころか、男女の枠さえも超えて活躍した平成裁恐猛毒GUREN隊は正に時代を象徴するチームであり、毎年十二月に「東京スポーツ」が発表する「女子プロレス大賞」を受賞したのも当然だった。

復帰後三年にして、ライオネス飛鳥は全女、JWP、LLPW、FMW、GAEA JAPAN、Jd'、ネオ・レディース、アルシオンと八つに分裂した女子プロレスの中心に戻ってきていた。

## 事故

九八年十一月二十九日、横浜アリーナで全女三十周年記念大会が行われた。わずか五年前に同じ横浜アリーナで行われた二十五周年記念大会「夢のオールスター戦」が一万六千五百人の大観衆を集めたのに対し、今回の観客は考えられる限りのメンバーを集めたにもかかわらず七千七百五十人と半分にも満たない。閑散とした観客席が女子プロレスの寂しい現状を語っていた。

ライオネス飛鳥はジャガー横田、デビル雅美とタッグを組んでセミファイナルに出場した。対戦相手はアジャ・コング&ダイナマイト関西&堀田祐美子。歴代のWWW

A世界シングル王者六人の揃い踏みという豪華な顔ぶれだが、この試合がセミファイナルに組まれること自体が、若いレスラーの台頭がないことを証明していた。

三十分一本勝負の試合開始から五分、ライオネス飛鳥はアジャ・コングの裏拳をまともに受けて意識を失った。以後、飛鳥は後輩たちに押されっぱなしになってしまう。

タイムアップ寸前、飛鳥はダイナマイト関西にライガーボムを放った。ライガーボムは本来大柄な選手にかけてはいけない技だ。しかし、通常の思考力を失っていた飛鳥は、自分より背の高い関西に対してライガーボムを出してしまう。

関西の重い上半身を支えきれない飛鳥は尻餅をつき、頭部をマットに強打した関西はリング上で昏倒した。すぐに異常事態を察したアジャ・コングは関西をコーナーまで引きずって行き、自らチェンジした後、飛鳥に対してスピードを落とした裏拳を放った。

いつもよりスローな裏拳には「すかして（避けて）反撃してくれ」というアジャの意図がこめられていたのだが、すでに飛鳥は避けることもできない。裏拳をモロに食らって倒れた飛鳥をジャガーとデビルがなんとか救出すると、まもなく試合終了のゴングが鳴った。

飛鳥の意識が戻った時、ダイナマイト関西は舌を噛まないようにタオルをくわえさせられ、シューズを脱がされてリング上に横たわっていた。

クラッシュ・ギャルズに憧れて女子プロレスラーを志し、全女のオーディションを落ちてジャパン女子プロレスに入団した関西と飛鳥は、個人的に仲が良かった。同じ団体ではなかったから先輩後輩の関係もゆるく、つきあいやすかった。関西の母親のこともよく知っていた。

万が一のことがあったらどうしよう。自分は友達を殺してしまうのか？　精神的ショックでフラフラになりつつ花道を戻った飛鳥は、控え室に通じる扉を開けた。

そこには長与千種が両手を広げて待っていた。

メインイベントで豊田真奈美と戦うために控え室でモニターを見ていた千種は、事故が起こった瞬間に飛び出していた。飛鳥のつらい気持ちが痛いほどわかったからだ。

飛鳥と千種は、もう九年間も口を利いていなかった。それでも花道に通じるドアが閉まった瞬間、緊張の糸が切れた飛鳥は千種の胸で泣き崩れた。千種は号泣する飛鳥を抱きしめつつ「大丈夫だから、大丈夫だから」と慰め続けた。

# 第十一章

# 夢見る頃を過ぎても

リングを囲んでいた少女たちは大人になり、結婚をし、家庭をつくる。そうしたなかで私はまだこだわっている。リングを見つめている。

クラッシュ・ギャルズの熱心なファンは、ほぼ全員が千種の復帰に猛反対していました。リングは神聖な場所であり、いったん素人になった人間が戻れる場所ではないと考えていたからです。

時代は昭和から平成へと移り、クラッシュ・ギャルズのブームは記憶の彼方に消え、中高生だった元親衛隊員は社会人になり、結婚して子供を生んだ仲間もいました。

それでも千種がJWPのリングに上がるようになると、全員が観に行ったのです。さすがにハッピもポンポンもありませんが、千種がリングアナウンサーのコールを受ける時には赤い紙テープが舞いました。千種の周囲だけは、まるで時間が止まっているかのようです。

千種はやがてGAEA JAPAN（ガイア・ジャパン）を立ち上げました。

女子プロレス唯一のメジャー団体である全日本女子プロレスはインディに転落し、リング上の不幸な事故でJWPのプラム麻里子さんが死亡して、新しいスターはなかなか生まれてきません。

女子プロレスが停滞する中、長与千種率いるＧＡＥＡ ＪＡＰＡＮだけがひとり好調でした。やがて他団体を辞めた選手が、次々とＧＡＥＡに集まってきました。北斗晶や山田敏代がＧＡＥＡに入団し、尾崎魔弓、アジャ・コング、ダイナマイト関西もフリーランスとして定期的にＧＡＥＡのリングに登場するようになりました。皆、長与千種を見てプロレスラーを目指した選手です。

彼女たちばかりではありません。女子プロレスラーのほとんどはＧＡＥＡに行きたいと思っていたでしょう。長与千種と戦いたいからです。

でも、団体に所属する選手は自分の看板を守らなければなりません。チコさんと戦いたい。でも戦えない。戦った選手がうらやましい。自分が戦えないことが悔しい。千種の周囲には、女子プロレスラーたちの嫉妬とプライドが渦を巻いていたのです。

## 人生は面白い

九五年四月のＧＡＥＡ ＪＡＰＡＮ旗揚げ直前に『プロレス・ファン』の編集長になっていた私は、長与千種、ＫＡＯＲＵ（前田薫）、ボンバー光（村光代）の座談会を組みました。

「KAORUが若い選手に技を教え、ボンバーが相談役となり、自分がハートを鍛える。三人いれば充分。GAEAは全女の悪いところをすべて排除した理想の団体にするつもりです」

千種はそう言いました。復帰に反対していた私にとっても、新団体の旗揚げを目前に張り切っている千種の話を聞くのは楽しい経験でした。

以前にもお話しした通り、飛鳥のファンクラブ「WINNING ROAD」の会長をやっていた頃に私が抱いていた三つの夢は「飛鳥にインタビューしたい」「井田真木子さんに会いたい」「千種にインタビューしたい」というものでした。これで私の夢はすべてかなえられたことになります。

この頃、鹿砦社は外注で作ったジャニーズ事務所の暴露本が大ヒット。会社は狭いアパートからおしゃれなオフィスビルに移っていました。お陰で同人誌に毛の生えたような『プロレス・ファン』を月刊で出すことができたのですが、私にとって大切なのは女子プロレスだけです。千種がGAEAを作り、飛鳥がフリーとして活躍するようになると、女子プロレスのことだけを考えたくなった私は鹿砦社を退社して『週刊ファイト』の在阪記者になりました。

私がプロレスの全貌を知ったのはこの頃です。

振り返ってみれば、プロレスはヘンなことばかりでした。

ライオネス飛鳥の引退式の時、ジャガー横田さんとのエキジビションマッチが急遽行われました。でも、何も知らずに実況席に座っていたはずのジャガーさんが服の下に水着を着ていたのは、どう考えてもおかしいですよね。スリーカウントが入って何秒も経たないうちに勝者のテーマ曲が流れるのも不思議です。試合直後に渡されるタイトルマッチの表彰状はいつ誰が書いたんでしょう。

そんな疑問のすべては、プロレス記者になって氷解しました。プロレスは格闘技ではなく、エンターテインメントだったのです。落胆したわけではありません。人生は面白いな、表現力や構成力を問われるのがプロレスラーなんだな、と思っただけです。

まもなく私は、関西でプロレス記者を続けることに限界を感じるようになりました。プロレスの本場は何といっても東京だからです。

そんな私に転機が訪れました。『プロレス・ファン』で連載をお願いしていた作家の竹内義和さんから「ぶんか社という東京の出版社が大阪に支社を出すんだけど、手伝ってくれない?」と声をかけていただいたんです。

大阪では超有名人の竹内さんに誘っていただいたことは光栄でした。私はもちろん入社しましたが、三カ月足らずで「この会社は畳みます。編集の仕事を続けたいのなら、ぶんか社がある東京にきてください」と言われ、私はこれ幸いと東京行きを決意しました。

「女子プロレスの仕事がしたいから東京にいく」と両親に言えなかった私は、ぶんか社への就職を理由にして上京しようと考えました。会社略歴から何から全部コピーして説得しましたが、両親、特に母親は大反対です。

「絶対にダメ。不規則な仕事だし、婚期も逃してどうすんの⁉」

まさしく私は婚期を逃したばかり。二十四歳の時に、長くつきあった人からのプロポーズを断わっていたのです。散々苦労してようやく念願のプロレス記者になったのに、ここで結婚して家庭に入るのはあまりにもったいない。どうせなら東京で仕事をしたいと思いました。

母の説得を振り切って上京したのは一九九七年六月、二十六歳の時です。

ぶんか社は正社員として私を採用してくれましたが、同時に私はフリーの肩書きで『週刊ファイト』の取材もしていました。会社のホワイトボードに「打ち合わせ」と書く時は、昼なら女子プロレスの記者会見、夜なら後楽園ホールです。同僚は見て見ぬふりをしてくれました。

大阪では記者会見なんてほとんどありません。試合後に選手が息を切らせつつコメントする光景など、これまではブラウン管の中の出来事でした。

いざバックステージに行くと、自分はどこにいればいいのかわかりません。囲み取材で自分が選手に話を聞いていいものかどうかもわからず、雰囲気に慣れるまでにはずいぶん時間がかかりました。

## プロレス記者の予感

その頃、ヒールに転向していた飛鳥は平成裁恐猛毒GUREN隊を結成して、冬の時代の女子プロレスを席巻していました。

全女に上がっていた頃にかかったバセドウ病も、Jd'に上がってまもなく傷めた首の負傷も癒えた飛鳥は肌つやも良く、精神的にも安定して、トレーニングの成果で肩も腰も立派になっていました。どん底まで落ちていたライオネス飛鳥が見事に甦り、FMWでもLLPWでも素晴らしい試合を披露して、再びマット界で引っ張りだこになったことは、私にとって本当にうれしいことでした。

クラッシュ・ギャルズの時のライオネス飛鳥は日本中にファンを持つスーパーヒロ

インでしたが、ヒールになってからの飛鳥は、あくまでも女子プロレスのファンの中だけで支持されていました。飛鳥ファンの数は、以前とは比較にならないほど少なかったのです。

けれども、ライオネス飛鳥のプロレスはクラッシュ時代よりもずっと素晴らしいものになっていました。ライオネス飛鳥のプロレスがこれほど見る者の感情に訴え、心を動かす力を持ったことは一度もありません。ヒールになって初めて、飛鳥はプロレスの楽しさを知ったのでしょう。彼女が戻ってきてくれたお陰で、私のプロレス記者人生はとても楽しくなりました。

飛鳥と私だけではありません。平成裁恐猛毒GUREN隊のメンバーは誰もが幸せそうでした。飛鳥の追っかけをしていたシャーク土屋も、イーグル沢井も、どんどん増殖していく隊員たちもです。

試合が終わった後の囲み会見も、すごくいい絵になっていました。大きいのが三人前に座り、後ろには四、五人が立っていて、その中にはファング鈴木やザ・ブラディー、そしてドレイク森松がいます。皆、お世辞にも美人とは言えず、ひとりひとりはむしろ怖くて汚いイメージなのに、全員がとても光って見えました。

ダイナマイト関西の事故がきっかけとなって、飛鳥が初めてGAEA JAPAN

のリングに上がった時、私は予感しました。飛鳥が千種のいるリングに上がるのなら、いずれふたりがタッグを組む日もやってくるでしょう。つまり、もう一度クラッシュが見られるのです。そして私は記者としてクラッシュの試合のレポートを書き、お金をもらえる立場にいます。

もしそうなったら。

私はもう死んでもいいと思いました。

# 第十二章　そして誰もいなくなった

全女を反面教師として新団体をつくりあげた長与。が、その純粋培養の実験は、時代に敗北する。クラッシュを再結成しても、時代は戻らない。

九八年十二月二十七日、後楽園ホール。

ライオネス飛鳥は私服姿のままでGAEA JAPANのリングに上がった。

長与千種に近づく飛鳥を見て、観客は狂喜した。千種は笑顔で飛鳥に手を伸ばしたが、飛鳥は千種の手を素通りして、アジャ・コングと尾崎魔弓のいる反対側のコーナーに回った。自分がここにやってきたのは千種と組むためではなく、千種と戦うためなのだ。

飛鳥は緊張していた。

クラッシュ・ギャルズの時代、自分は長与千種に完敗した。パワーもスピードもテクニックも自分の方が遥かに上だ。だが、プロレスラーの真の勝負はどちらが観客を魅了するかであり、その点で自分は千種に遠く及ばなかった。

だが、いまなら。

スーパースターの栄光をかなぐり捨ててヒールに転向し、病気やケガを乗り越え、苦闘を続けた末にフリーランスとして各団体を席巻し、女子プロレス大賞を獲得して業界の中心に戻ってきたいまの自分なら。

レスラーとして、今度こそ長与千種に勝つことができるはずだ。

飛鳥は期待と不安を胸にGAEA JAPANに乗り込んできた。長与千種と、長与千種に魅せられてレスラーになった選手たちと、長与千種を愛する観客が待つリングへと。

## 十年ぶりの対決

強く、うまく、そして悪い。

飛鳥はヒールとして築き上げた現在進行形のスタイルを崩さないまま、GAEAのリングを席巻した。GAEAの若く小柄なレスラーの良さを充分に引き出し、広田さくらのようなコミカルなレスラーにも柔軟に対応することができた。三十五歳のライオネス飛鳥は、自分と相手と試合のすべてを光らせ、観客の心理を自在に動かすことができるプロレスラーとなっていたのだ。

まもなくライオネス飛鳥はアジャ・コング、尾崎魔弓、下田美馬、三田英津子らと共にスーパースターズ・ユニット（ＳＳＵ）を結成し、リーダーとして存分に暴れ回るようになった。

長与千種とライオネス飛鳥のシングルマッチが翌年の四月四日に行われることが発表されると、日頃はプロレスを取り扱わない一般メディアも大いに注目し、千種と飛鳥には新聞雑誌二十社、テレビとラジオ局十五社の取材が殺到した。

かつて一大ブームを作り上げたクラッシュ・ギャルズの十年ぶりの対決は、いまなお大きなインパクトを持っていたのだ。

クラッシュ対決の二週間前にあたる三月二十日、新潟大会のメインイベントに出場したライオネス飛鳥は、試合後に長与千種をリング上に呼び出すと、見覚えのある空手衣を取り出した。クラッシュ・ギャルズを結成する際に天才空手家の山崎照朝から贈られた、風林火山の刺繍が入った懐かしい空手衣だった。

「タンスから引っ張り出してきてやった」と言いつつ、飛鳥は風林火山の空手衣をハサミでズタズタに切り裂き、思いきり踏みにじった。

クラッシュとの決別を意味する明確な意思表示だった。

続けて飛鳥は木村一廊ＧＡＥＡ　ＪＡＰＡＮ統括部長に対して「長与との一戦にＧＡＥＡの全権を賭けろ」と要求した。千種が飛鳥に敗れた場合、マッチメイクを含む

ＧＡＥＡの運営権、肖像権、所有権のすべてをＳＳＵの管理下に移すというものだ。木村統括部長は飛鳥の提案を渋々受け入れた。

一九九九年四月四日に横浜文化体育館で行われるＧＡＥＡ　ＪＡＰＡＮ旗揚げ四周年記念大会のチケットは発売直後に完売し、急遽一階席を増席して追加販売したものの、それでも当日の横浜文体玄関前はチケットを入手できなかったファン百人で溢れた。

六千人の観客のほとんどは長与千種のファンだ。観客の心の中には「この一騎打ちで長与千種が勝ち、二人は握手して、クラッシュ・ギャルズを再結成してくれるのではないか」という期待があった。

しかし飛鳥は千種を圧倒する。

試合開始早々のサソリ固めで主導権を握ると、場外に置いた机の上にコーナーポストの上から千種を叩きつけ、真っ二つに割れた上板で千種の頭を思い切り叩いた。さらに机の角で千種の額を切り裂くと、千種は早くも流血に追い込まれた。

花道でのラリアット、照明の支柱から飛び下りるフットスタンプ、マットに並べた何脚もの椅子の上へのロープ最上段からのボディスラム等、いかにもヒールらしい反則攻撃を連発した上に、ライガーボムやニールキックで畳みかける。

千種もランニングスリーなどで反撃するものの、コンディショニングとスタミナにおける飛鳥の優位は明らかであり、最後は火炎攻撃に続くタワーハッカーボムからの片エビ固めで飛鳥が千種を沈めた。

飛鳥、アジャ、尾崎らのＳＳＵは、木村統括部長から奪い取ったＧＡＥＡ　ＪＡＰＡＮの権利書を高々とかざしつつ花道を去った。

## 新しい演出

四月二十五日のＧＡＥＡ　ＪＡＰＡＮ後楽園ホール大会。リングにはＳＳＵのロゴが入ったシートが敷かれていた。それを見た観客は「ＧＡＥＡは本当に乗っ取られてしまったんだ」とショックを受けた。

千種との試合に勝利してマッチメイク権を得た飛鳥はこの日、長与千種の試合を第一試合に組み、入場式でもリング下に並ばせるという屈辱を与えた。

クレバーなヒールがひとつの試合だけでなく、興行の流れそのものを動かしていくというアイディアが決定的に新しかった。

「面白いようにＧＡＥＡを揺さぶった。ＳＳＵは正に芸術」と飛鳥は振り返る。

プロレスはショーであり、エンターテインメントである。

飛鳥が千種に勝つことはあらかじめ決められていたし、千種と飛鳥がGAEAの全権を賭けて戦ったことも、ショーを盛り上げるための仕掛けにすぎない。

GAEA JAPANの看板はもちろん長与千種だが、すべてのアイディアを千種が出していたわけではない。GAEAには優秀なフロントが存在していたのである。

全女を辞めた長与千種は、杉山由果が切り回す小さな芸能事務所FADSの所属タレントとなった。千種のプロレス復帰計画および新団体設立計画が動き始めると、ふたりの共通の友人だった木村一郎が加わった。千種が道場主として選手管理を行い、杉山がGAEA JAPANの社長として興行と広報活動を担当し、木村が統括部長として資金調達と営業に回る。

GAEA JAPANのオフィスは渋谷に、道場は新横浜にある。

渋谷のオフィスにいる木村は、プロレスに深い関心を持たない。技の名前も他団体の動向もまったく知らないまま、一般社会の常識で興行会社を合理的に運営していこうとした。一方、新横浜の道場で現場を仕切る長与千種は、長くプロレスという村社会の中で育ってきた。一般社会とは別の常識が存在するからこそ、客はプロレスを見にくると考えている。木村と千種の価値観は当然のように衝突し、その間でバランスをとるのが杉山だった。

全女退団以来、十年近く千種と口を利いていなかった飛鳥をＧＡＥＡ　ＪＡＰＡＮのリングに上げたのは杉山である。本人たちがこれほど嫌がっているのなら、客は必ず見たいはずだ、と考えたのだ。

ＳＳＵのアイディアは、主にライオネス飛鳥と木村一廊統括部長の間で練り上げられた。ＳＳＵのロゴが入ったシートは、スプレー缶と型紙を使って木村が自ら作ったものだ。

ＧＡＥＡのフロントには「ＧＡＥＡは他の団体とは違う。既存のプロレスに染まりたくない」という意識が高く、専門誌と馴れ合うことは決してなかった。取材対応も慎重に行い、インタビュー原稿も入念にチェックした。当然記者たちの評判は悪かったが、情報統制を優先させた。

ＧＡＥＡ　ＪＡＰＡＮは同族会社の泥臭い全日本女子プロレスとは対照的に、一般企業のビジネスセンスを導入したモダンなプロレス団体だったのである。

## ついに飛鳥は理解した

SSUの新しさは、女子プロレスに理詰めで整合性のある連続ドラマを初めて持ち込んだことにあった。しかし、ライオネス飛鳥にとってSSUが〝芸術〟となった最大の理由は、試合を盛り上げるためのアイディアとは別のところに存在した。

「クラッシュの頃の私は、自分のプロレスをしていなかった」と飛鳥は振り返る。

クラッシュ・ギャルズとは、結局のところ〝長与千種のプロレス〟であり、飛鳥は知らず知らずのうちに長与千種に使われ、傍観者にさせられていた。そのことに飛鳥は深く傷つき、鬱状態に陥るほど千種を深く憎んだ。

ところが、ヒール転向後の飛鳥は、頭と肉体を使ってベビーフェイスと観客の心を自在に動かすというプロレスの醍醐味を知った。そしていま、自分は長与千種を動かし、クラッシュ・ギャルズを愛した観客の心を思い通りに操っている。SSUとは、長与千種を使ったライオネス飛鳥のプロレスであり、だからこそライオネス飛鳥にとっての〝芸術〟となったのである。

ヒールとして初めて向かい合ってみると、長与千種は驚嘆に値するベビーフェイスであった。ヒールがやりたいことを瞬時に理解し、攻撃のひとつひとつをドラマチックに演出してくれる。ごく普通の反則攻撃が、長与千種という増幅器を通れば恐怖の拷問技と化す。長与千種という稀代のベビーフェイスと戦えば、ヒールは世界で最も恐ろしい悪魔に見えるのだ。これほどのベビーフェイスを、飛鳥は他にひとりも知らなかった。

ついにライオネス飛鳥は理解した。クラッシュ・ギャルズを〝長与千種のプロレス〟にしたのは、千種のプロレスラーとしての実力以外の何物でもないことを。そして、プロレスとは何かを深く考えなかったかつての自分が、誰よりも深く考えた千種に敗北したのは当然だったことを。

ライオネス飛鳥が長与千種の天才を認めるためには、十五年に及ぶ長い年月と、プロレスラーとして同じ高みにまで達することが必要だったのである。

かくしてクラッシュ・ギャルズの呪縛から完全に解き放たれたライオネス飛鳥は、プロレスラーとしての全盛期を迎えた。

一九九九年八月二十二日に井上京子とJd'のリングで戦った試合は、ライオネス飛鳥生涯のベストバウトとなった。フリーのライオネス飛鳥はJd'のトップを意味するTWF世界女子シングル王者。対戦相手の井上京子は全女を離脱してネオ・レディースのエースとなり、全女の堀田祐美子を破ってWWWAの赤いベルトを巻いていた。

ガラガラの川崎市体育館で行われた三十六歳と三十歳のダブルタイトルマッチは、しかし女子プロレスの歴史に永遠に残る凄まじい試合となった。

ライオネス飛鳥は一七〇センチ、七八キロ。

井上京子は一六六センチ、一〇〇キロ。

大柄なふたりのレスラーは、空調も効かない真夏の川崎市体育館のリング内外で、何かに取り憑かれたように機敏に動き続けた。

無数のラリアット、無数のライガーボム、無数のナイアガラドライバー。チェーンを巻きつけた手で殴り、黒く塗られた何脚ものパイプ椅子の上にコーナー最上段から投げ落とす。信じられないほどの体力、パワー、受け身のうまさ、テクニックの正確さ。すべてを兼ね備えたレスラーだけに可能な試合だった。

飛鳥は京子を二階席まで引っ張っていき、階段の最上部で京子をパイプ椅子に座らせると、そのまま正面から蹴り落とした。椅子と共に階段を転がり落ちてフラフラになった京子を、さらに飛鳥はフェンス際まで連れて行く。五メートル下のアリーナでは飛鳥の手下であるドレイク森松たちがテーブルを用意している。飛鳥が京子を二階席から机の上に突き落とそうとしていることに気づいて、観客たちは騒然となった。

歴戦の勇者である井上京子は、この時レスラー人生で初めて死の恐怖を感じた。思わず「怖い！」と口にしたが、飛鳥に殴りつけられ、そのまま二階から落とされた。テーブルに向かって背中から落ちていく刹那、京子の頭の中には小さい頃からの記憶が走馬燈のように流れたという。背中でテーブルに受け身を取った京子が「ああ、もう死ぬんだ」と思った次の瞬間、京子の腹の上には真っ二つに割れたテーブルの上板が置かれ、そこに飛鳥が二階からフットスタンプを落としてきた。

世界中でどれほど多くのプロレスの試合が行われたかは誰も知らない。おそらく数十万、いや百万試合以上はあるはずだ。だが、この時の井上京子以上に危険な受け身をとったレスラーはほとんどいないだろう。驚くべきことに試合はそこでは終わらず、結局ふたりは六十分を戦い抜いて時間切れ引き分けとなった。

この日、解説席に座っていたのは前年十二月に二度目の引退式を行ったジャガー横田。ジャガーは常日頃から「これじゃあ死んじゃう、と思うようなスポーツを誰がやろうとするの？　いまのプロレスは危険すぎる」と警鐘を鳴らし続けていた。すでにＪＷＰのプラム麻里子が試合中の事故で死亡していたから、ジャガー横田の言葉には大きな説得力があった。

それでも時間の針を逆に戻すことは誰にもできない。危険なプロレスを否定するジャガーでさえ、少ない観客の前で命を賭けてプロレスラーの意地を見せつけた飛鳥と京子の凄まじい試合には感嘆の念を抑えることができなかった。

「このふたりにしかできない試合。ただの〝壮絶な試合〟ではなく、考えさせられるというか、ここまでやってくれるかという思いがした。後輩たちはこの試合から何かを学び取ってほしい」

四十度にも達しようかという熱気の中を一瞬も止まることなく動き続けたライオネス飛鳥は「三十六歳、まだまだ行けるよ」と胸を張った。

## クラッシュ２０００

九月十五日のＧＡＥＡ横浜文化体育館大会で、ライオネス飛鳥と長与千種は再戦した。今度は千種が勝ってＧＡＥＡの全権を取り戻し、ＳＳＵは解体に追い込まれた。

この一九九九年、すでに女子プロレスは冬の時代に突入していた。にもかかわらず、フリーとして多くの団体からひっぱりだこになっていた飛鳥は、Ｊd'、ＧＡＥＡ、全女、ＦＭＷ、ネオ・レディース、ＪＷＰのリングで週に三試合のスケジュールをこなし、男子を含めても最多の年間百七十試合出場を記録している。

これらの活躍は高く評価され、ライオネス飛鳥は東京スポーツが選定する一九九九年度の「女子プロレス大賞」を受賞した。九七年の平成裁恐猛毒GUREN隊に続く二度目の受賞である。ライオネス飛鳥ほどの活躍をした女子プロレスラーは、他にひとりもいなかったのだ。

GAEAのフロントとは、ずいぶん前からクラッシュ再結成に向けた話し合いが続いていた。クラッシュは究極のベビーフェイスである。再結成すれば、ヒールに転向した自分もベビーフェイスに戻らざるを得ず、椅子や机を使うことはできない。クラッシュの再結成は、これまでに自分が努力を重ねて築き上げてきたヒールとしての地位を危うくするのではないか？　飛鳥にはそんな恐怖があった。

しかし悩んだ末にライオネス飛鳥はクラッシュの再結成を決意する。もはや自分は日本一の女子プロレスラーなのだ。クラッシュに従属するのではなく、クラッシュを自分の一部にしてしまおう。GAEA専属になることを避け、フリーランスの立場を堅持したまま、クラッシュをビッグマッチ限定にすれば問題ない。自分と千種の対決があれほど話題になったのだ。クラッシュを再結成すれば、さらに話題になるだろう。自分のステータスはさらに上がり、沈滞する女子プロレスが活気づく契機になるかもしれない。

二〇〇〇年五月十四日のGAEA JAPAN旗揚げ五周年記念大会。有明コロシアムは九千人の観客で超満員に膨れ上がっていた。

大量の機材が大型トラック十八台を使って運び込まれた。三六〇インチの大型スクリーン二台と巨大な花道がアリーナに設置され、オープニング・セレモニーはレーザー光線や圧縮ポンプを使った爆発音で彩られた。GAEA JAPANのフロントは、クラッシュの再結成を最大限豪華に演出しようとしていたのだ。

観客席には、十一年ぶりに結成されるクラッシュ２０００を見ようと、八〇年代にクラッシュに熱狂したかつての女子中高生たちが、小さな子供を連れて応援にやってきていた。

青コーナーの北斗晶＆デビル雅美の入場が終わると照明が落とされ、観客の期待が高まる中、中島幸一郎リングアナウンサーの声が広い有明コロシアムに響く。

「長与千種、ライオネス飛鳥。時代に呼ばれ、クラッシュ２０００入場！」

その直後、聞き覚えのあるテーマ曲「ローリング・ソバット」が鳴り響く。

「C！　R！　U！　S！　H！」

かつての少女たちは瞬時に十代に戻り、曲に合わせて叫んだ。

赤のガウンの長与千種と青のガウンのライオネス飛鳥が花道でポーズを作ると、白煙と共に、大量の銀色のテープとCRUSH２０００と書かれた模造ドル札が舞い上がる。超満員の観客の反応を楽しむように、二人は花道で何度も立ち止まった。飛鳥が「青」を身に纏うのは十一年ぶりのことだった。

リング上でコールを受けると、青と赤の紙テープが無数に投げ込まれ、リングを厚く覆った。ガウンを脱いだふたりのコスチュームの基調は黒。飛鳥のコスチュームの胸元には青文字で〝ASKA〟と、千種のそれには赤文字で〝CHIGUSA〟と刺繍されている。若手が総出で紙テープを片づける間にも「チ、コ、さーん」「ト、モ、さーん」という声が四方八方から響いた。

試合開始のゴングが鳴ると、序盤のサンドイッチ・ラリアットで試合の主導権を握ったクラッシュは、途中、北斗晶の椅子攻撃やデビル雅美の噛みつきで流血に追い込まれたものの、サソリ固めの共演やダブルの正拳突きなど、懐かしい技を次々に繰り出して北斗とデビルを圧倒する。

フィニッシュは新技のオーバー・ザ・クラッシュ（飛鳥のパワーボムと千種のダイヤモンドカッターの合体技）。北斗からスリーカウントを奪った千種が飛鳥を肩車して喜ぶ姿に、観客は大声援を送った。

この試合は、飛鳥と井上京子が川崎市体育館で見せたような恐ろしく危険なプロレスとは大きく異なっていた。

クラッシュのふたりは、使う演出家と使われる俳優の役割を自在に往復しながら試合を組み立てていく。対戦相手のデビル雅美と北斗晶もクラッシュ復活を強く印象づけようと千種と飛鳥の一挙手一投足にすばやく反応しつつ、プロとして自分の魅力をアピールすることも忘れなかった。「真実にプラスアルファの味つけをして、払ったお金の分だけお客さんを楽しませ、自分たちも楽しむのがプロレスラーの仕事。プロレスは個人競技ではないんです」とはデビル雅美の言葉だ。もはやヒールもベビーフェイスもない。プロレスを知り尽くした四人の名優の共演は観客を魅了した。

クラッシュ・ギャルズが引退した一九八九年以後、低迷を続けた女子プロレスを変えたのはブル中野とアジャ・コングだった。以後、女子プロレスは危険に充ち満ちたものへと変貌し、団体対抗戦ブームは女子プロレスをついに東京ドームへと導いた。一九九四年十一月のことだ。

一九九〇年代に女子プロレスを支配したのは「危険で激しいプロレスでなければ客を呼べない」という思想であり、その結果、プラム麻里子という犠牲者を出してしまった。

そして二〇〇〇年五月。九〇年代の女子プロレスの常識を覆したのは、新時代のプロレスではなかった。皮肉なことに、八〇年代のクラッシュの復活だったのだ。

試合終了直後、マイクを取った飛鳥はこう叫んだ。

「みんな！　勝ったぞ！　賭けに勝ったんだ！　クラッシュ２０００は新しい時代の扉を開けたぞ！」

飛鳥の言う〝新しい時代〟とは、まもなく三十七歳になるライオネス飛鳥と、三十五歳の長与千種が女子プロレス界に君臨する時代に他ならない。

ふたりに辛うじて対抗する力を持つのは、三十八歳のデビル雅美であり、三十二歳の北斗晶であり、三十一歳の尾崎魔弓であり、三十歳のダイナマイト関西であり、二十九歳の豊田真奈美であり、同じく二十九歳のアジャ・コングであった。

観客の平均年齢も三十歳を超えつつあった。

この時、女子プロレスは未来を失ったのだ。

## お茶の間の喪失

クラッシュ２０００は有明コロシアムに大観衆を呼び込んだ。二〇〇〇年から二〇〇一年前半にかけて、クラッシュはビッグマッチの切り札として四試合を戦っている。

だが、そのたびに新鮮さが失われていくことは避けられなかった。

フリーランスであるライオネス飛鳥にとって、クラッシュ２０００は重要なパーツではあってもすべてではない。二〇〇一年四月に長与千種が左肩の外傷性反復脱臼の手術で長期離脱すると、飛鳥もまたＧＡＥＡ　ＪＡＰＡＮを離れてアルシオンのリングに上がった。ライオネス飛鳥のプロレスラーとしてのクオリティの高さは、あらゆるリングで発揮された。飛鳥はＮＥＯ女子プロレス、アルシオンで五本のベルトを次々に腰に巻き、日本一の女子プロレスラーであることを証明し続けた。

しかし、すでに女子プロレスを取り巻く環境は、クラッシュ・ギャルズ全盛の八〇年代とは大きく異なっていた。

日本経済がピークに向かっていた八〇年代、少女たちのほとんどは聖子ちゃんカットに憧れ、少年たちのほとんどが『少年ジャンプ』を読み、家族揃って「ザ・ベストテン」を見ていた。お茶の間は健在であり、テレビはみんなで観るものだった。〝一億総中流時代〟である。

九〇年代以後、テレビはＢＳ、ＣＳへとどんどん細分化していき、テレビゲームはファミコン以後セガサターン、プレイステーション、ゲームボーイ、ＤＳと爆発的な勢いで増殖し、パーソナル・コミュニケーションもポケベル、携帯電話、パソコンと加速度的に進歩した。

地上波テレビの地位が低下すると共に、国民的メガヒットも消滅する。

八〇年代の松田聖子や松任谷由実のヒット曲はレコードやCDを購入しなくても誰もが口ずさむことができたが、九〇年代以後のドリカムやB'zの歌は、たとえCDが何百万枚売れたとしても、ファン以外の耳に届くことはめったにない。少女たちは携帯電話のiモードやメールの返信に忙しく、小遣いは携帯電話のパケット代に消えた。

八〇年代半ばのクラッシュ・ギャルズは日本中の少女たちを巻き込んだ大ブームだった。日本の津々浦々には、昨晩テレビで見たクラッシュ・ギャルズと極悪同盟の試合について、クラスメイトと熱心に話す少女たちがいた。少女たちはクラッシュ・ギャルズの魅力について心ゆくまで語り合い、長与千種の痛みやライオネス飛鳥の苦悩を共有することができた。

しかし二〇〇〇年代の女子プロレスは、クラッシュ・ギャルズの時代や団体対抗戦時代の懐メロと化した。プロレス会場に足を運ぶのは、かつて少女だった時代にクラッシュを応援した中年女性たちと、団体対抗戦時代を忘れられないマニアックな男性プロレスファンばかり。女子プロレスラーの高齢化が進み、日本の不況が深刻になると、高いチケット代を支払ってプロレス会場に足を運ぶファンは急激に減った。

二〇〇三年七月、経営危機に陥ったアルシオンを離脱した飛鳥は、再び主戦場をG

ＡＥＡ　ＪＡＰＡＮに戻した。細分化した女子プロレス団体の経営状態は悪化し、一試合十万円のギャラを飛鳥に払える女子プロレス団体は、もはやＧＡＥＡ以外にはなくなっていた。

## 新人が入ってこない

クラッシュ２０００の誕生はＧＡＥＡ　ＪＡＰＡＮにとって諸刃の剣だった。長与千種が必死に育て上げた若手選手の存在感が、一気に薄くなってしまったからだ。旗揚げ当初十三人いたＧＡＥＡ　ＪＡＰＡＮの一期生は、数年後には五人に減った。二期生以後は応募そのものが激減し、オーディションにやってくるのはせいぜい五、六人。目をつぶって半分を合格させても次々に辞めた。

辞めていく理由はいくつもあった。

女子プロレスは、時に死人も出るほど危険なものであること。辛く単調な練習を毎日強いられること。生活のすべてを管理されること。テレビ中継がなく、有名にもなれず、当然高収入も得られないこと。周囲と比較して、自分の体力不足、才能不足を痛感すること。そもそも自分の意志で入門したのではなく、不良娘を更生させたい親に無理矢理連れてこられたこと。

下の世代が次々に辞めていったから、里村明衣子たち一期生は、デビューして何年経ってもずっと長与千種やKAORUの付き人をやり、リングの設営や撤収を行わなくてはならなかった。

新たにやってきた練習生は一期生の日常に自分の未来を見る。七年目の先輩がこんな状態ならば、自分が団体のトップとして君臨する時代は永遠にやってこないのではないか？　若い練習生たちが絶望的な状況に気づいて夜逃げするまでに、たいして時間はかからなかった。若手選手たちが次々と辞めた結果、GAEA JAPANの生え抜きと呼べる選手は、一期生の里村明衣子、加藤園子、植松寿絵、永島千佳世、シュガー佐藤のほかには、三期生の広田さくらだけになってしまった。

九五年四月の旗揚げ前、長与は入門してきた一期生たちに、それぞれ違う色の水着を着せている。

植松寿絵には緑、永島千佳世には黄、シュガー佐藤には白。

加藤園子には青を。

そして里村明衣子には赤を。

長与千種は里村と加藤のふたりを新たなるクラッシュ・ギャルズにするつもりだっ

たのだ。

だが、里村と加藤の新クラッシュ構想は、二〇〇一年二月、加藤園子が膝に重傷を負って超長期欠場を続けたことでご破算になった。

三カ月後には長与千種が左肩を手術してリハビリ入院し、時を同じくしてライオネス飛鳥がアルシオンに去った。

火が消えたようになったＧＡＥＡ ＪＡＰＡＮを牽引するのは里村明衣子しかいなかった。身長一五七センチ体重六五キロ。中学時代には自ら女子柔道部を作り、中学三年で県大会優勝を果たしたアスリートは、トップの成績でオーディションを突破している。

十五歳五カ月という史上最年少デビューを果たすと、誰よりも熱心に練習に取り組んで強靭な足腰を作り上げ、二〇〇一年四月二十九日には北斗晶を撃破、十二月十五日にはアジャ・コングを三度目の挑戦で破り、ＧＡＥＡの最高峰ＡＡＡＷシングル王座のベルトを腰に巻いた。ＧＡＥＡ ＪＡＰＡＮにとって待望久しい若き王者の誕生であった。

試合後、二十二歳になったばかりの新王者は「女子プロ界をすべて背負う覚悟で死ぬ気で頑張る」と力強くコメントし、長与千種も「バトンはしっかり渡した。これからはこいつが大将です」と里村を後継者に指名した。

しかし、強気の言葉とは裏腹に、里村の心を満たしていたのはチャンピオンになった喜びでも女子プロレス界を背負う覚悟でもなく、虚しさだけだった。

## 試験管の中で育てられた子供たち

王座獲得から数日後、「チャンピオンになったお祝いをしましょう」と、GAEA JAPAN社長の杉山由果は里村明衣子をスポンサー企業の社長との会食に連れ出してくれた。

ところが里村は、王座獲得の宴席でひと言も話すことができなかった。六年半もの間「門限八時、外部の人間との交流禁止」という特殊な団体生活を続けてきた結果、里村はGAEAの関係者以外とうまくコミュニケーションをとることができなくなっていたのだ。団体のことを聞かれても、プロレスの内情について自分がどこまでしゃべっていいものか、里村には判断できなかった。いくら考えても答えは出ず、言葉も出なかった。思考停止状態に陥ったまま会食が終わり、道場に帰った里村は情けなさに涙を溢れさせた。

「こんなのチャンピオンじゃない！」

ストイックに日々の練習を積み重ね、レスラーとしての強さを追求し、実績を積み上げてきた自分は、初対面の人とごく普通の会話さえできなかった。自分には、人として大切な何かが決定的に欠けているのだ。

長与千種は、里村たち若いレスラーを〝自分の子供〟と呼ぶ。

愛する子供のために、母親は必死に環境を整えるものだ。寮費も食費もタダ、プロレスの技術と表現を教える最高の教師も用意した。試合数を減らして健康管理に万全を期し、負傷した際には治療費入院費を負担した。夏には竹を切って流しそうめん大会をやり、冬にはみそちゃんこをふるまった。畑を借りてGAEAファームと名づけ、種蒔きの時にはみんなでシュウマイ弁当を食べた。かゆいところに手がとどくような細やかな配慮がそこにはあった。

しかし、優しい母親は、同時に支配者でもあった。

新横浜にある道場の二階で暮らす選手たちの生活は、軍隊以上の厳しさで管理された。長与千種は朝の八時に道場にやってきて、夜の十二時一時まで延々と過ごす。その間、ずっと若手の練習を見る。プロレス雑誌を読む時は付き人の里村明衣子をつかまえて「この選手のこの表情を見てみろ。この目線がいいんだよ」「このロープをつかんだ手の表情を見てみろ。手だけで伝わってくるものがあるだろう？　ここなんだよ」と、プロレスのディテールを延々と解説した。

GAEAの選手たちには一切の自由がなく、心の余裕を持つことができなかった。

新しく入った練習生がミスをすると、長与千種は「どうして見ていなかったんだ」「監視していないお前たちが悪い」と一期生たちを叱った。夜逃げをする者が出ると「逃げる前の心境はどうだったんだ？」「どうして逃げたんだ？」と責任を厳しく追及した。八時の門限に里村明衣子がわずかに遅れた時には「お前、誰の付き人やってんや！」と恐ろしい勢いで怒鳴りつけた。

誰かが失敗をすると、長与千種は全員を並ばせて二時間、三時間かけて叱る。練習時間もすべてつぶす。最初のうちは叱っていても、やがて語るような、諭すような口調に変わっていく。時には夜中の二時、三時まで語り続け、皆を説得し続けるのだ。

明日は早くから練習があるのに！

里村には長与の行動がまったく理解できなかった。

プロレスの練習が厳しいのは当たり前だ。だからどんなに辛くても頑張るしかない。真面目な里村はそう考え、誰よりも熱心に練習に打ち込んできた。しかし、長与さんはそれだけでは足りないと言う。自分の心の中にまで入り込んで「俺と同じように考えろ」とマインドコントロールし続ける。そのことに気づいた里村は、やがて自分の殻に閉じこもり、休みの日に友達と出かけることも一切なくなってしまった。

チャンピオンになった里村は、ついに意を決して長与に言った。

「門限八時を撤廃してください」

あとは何も言えなかった。

何も言えないチャンピオンは、相変わらず長与千種の付き人だった。

独自のお笑いコスプレ路線をひた走り、一期生以外で唯一生き残った広田さくらは「私たちは長与選手に飼われていた」と振り返る。

GAEA JAPANは長与千種の団体であり、それ以外のものではなかった。自分たちは長与一座の脇役に過ぎない。プロレスには人間性がそのまま出てしまう。現実の人間関係がそのままリング上に現れる。道場で長与千種に意見できなければ、リング上でも逆らえない。飼い犬は飼い主に逆らえないものだ。

北斗晶、デビル雅美、アジャ・コング、豊田真奈美ら全女出身のフリー選手たちには圧倒的な存在感があった。そもそも控え室に入ってくる勢いからして違う。過去のつらい練習の話を恐ろしく大きな声で、身振り手振りを交えつつ大笑いしながら話す。バックステージで全女の先輩たちに圧倒されながら世話をするGAEAの一期生たちが、リング上で先輩たち以上の存在感を見せつけることは到底不可能だった。

三期生の広田さくらは、すでに十代の頃からGAEA JAPANの構造的欠陥を見抜いていた。

## もはや戦後ではない

長与千種の最大の仕事はGAEA JAPANの次代を担うレスラーを作り出すことだった。ロクに技術も教えないままハードな巡業を続ける全女を反面教師とするGAEA JAPANは、試合数を減らして選手の体調を管理し、栄養バランスを考えた食事と合理的な練習メニューで計画的な強化を図り、不必要な上下関係を排除してプロレスに打ち込める環境を整えた。

その結果、一期生たちは〝驚異の新人〟と記者たちから絶賛された。

ところが旗揚げから数年が過ぎた頃、千種は愕然とした。理想的な練習環境の中で技も体力もスピードも磨かれたGAEAの若手選手たちは、観客にチケット代金を支払わせ、会場に引き寄せる魅力を持っていなかったのだ。

プロレスはスポーツではない。ショーであり、パフォーマンスであり、エンターテインメントであり、つまりは見世物である。観客は女子プロレスに非日常の興奮を求めて会場に足を運ぶ。

かつて長与千種は、年間二百五十試合以上もの過酷なスケジュールをこなし、激烈な生存競争を戦い、さらにマネージャーの松永国松から強い精神的負荷をかけられ続けた。肉体的精神的疲労が限界を超えた時、理性のガードは吹き飛び、深く隠されていた感情がすべて表出する。

男にも女にもなれないとまどい。「バーの子」として差別された悲しみ。両親に置き去りにされた淋しさ。同期のレスラーに排除された恨み。それらすべてが長与千種の目の動き、指先の表情、背中の演技となって表現される。長与千種のプロレスには弱者の悲痛な叫びがあり、だからこそ観客の心が動く。プロレスラーが人の心を動かすためには、一種の怪物に変貌しなければならないのだ。

プロレスの怪物は肉体のトレーニングだけでは作れない。そう考える長与千種は、ある時期から精神のトレーニングを加えた。里村明衣子に強い精神的な負荷をかけ、錯乱状態に追い込むことで、理性のガードを吹き飛ばそうとしたのである。

しかし、自分のような怪物を作り出そうとする長与千種の試みは、結局失敗に終わった。次代のエースと期待された里村明衣子は、観客を会場に呼ぶ力を遂に持ち得なかったのだ。

才能の問題ではない。時代である。

一九七九年生まれの里村は、日本の繁栄が頂点を迎えた一九八〇年代に育った。しっかりとした両親の元で育ち、中学時代には尊敬できる柔道のコーチにも出会った。経済の繁栄は日本の隅々にまで行き渡り、自由と平等は自明であった。ハードだが合理的な練習方法とスポーツマインドの中で育った里村明衣子は、長与千種にどれほどの心理的プレッシャーをかけられても、怪物に変貌することはついになかったのだ。

クラッシュを再結成するずっと以前に「クラッシュをもう一回組む時は、GAEA JAPANが終わる時だ」と言った長与千種の言葉を、広田さくらははっきりと記憶している。

「GAEA JAPANの経営が危なくなればクラッシュ再結成もあり得るかもしれないけど、そんなことはないから大丈夫だよ」と長与千種は笑った。

だからこそクラッシュ2000が再結成された時、広田さくらには「GAEAはもう終わりなのか？」という恐怖があったという。

有明コロシアムには大観衆がつめかけ、GAEA JAPANは経営危機どころか大いに潤ったのだが、長与千種の不吉な予言は、望まぬ未来へと向かって加速していく。

　里村明衣子が客を呼べなければ、クラッシュに頼らざるを得ない。

　だが千種と飛鳥は四十歳に近づき、ＧＡＥＡは一時代を築き上げたスターたちの隠居部屋の様相を呈した。身体のあちこちに抱えるケガをかばいつつ試合をする彼女たちは、たいした練習もできず、腕も腹も腿もゆるみ、もはやアスリートと呼べる体型ではなくなっていた。主力選手の高齢化が進み、若手は育たず、不況は深刻になり、五千円前後のチケット代を支払える観客は年々減っていった。高齢化と少子化と不況。女子プロレスは正に日本の縮図だった。

　かつて良好だった選手とフロントの関係も悪化した。

　プロレスの客足が落ちたことで、フロントの木村と杉山は医療や芸能等、ガイア株式会社の他の事業部で補填せざるを得なかったが、長与以下の選手たちの目には、ふたりがプロレスの手を抜いて他のビジネスをやっているように映った。

　一方、必死に働いている木村と杉山からは、主力選手たちは練習もしていないように見える。練習しているというのなら、そのたるんだ腹をなんとかしろ。練習しないのなら、せめてチケットくらい売ってくれ、と文句が出る。

　若手レスラーは年寄りが多すぎることに不満を抱き、フリーのレスラーたちは若い子に客を呼ぶ力がないからGAEA JAPANが伸びないとグチをこぼす。
GAEA JAPAN内部で同時多発的に表面化した問題は、フロントと道場の両方を知るただひとりの人物のキャパシティーをついに超えた――。

## 満身創痍

ライオネス飛鳥が最初に頸椎を傷めたのは、Jd'のリングに上がって間もない九六年四月末のことだった。試合前のトレーニング中にマットが滑り、練習相手の背負い投げのタイミングがずれ、受け身を取り損なって頭から落ちた。かなりの重傷であり、飛鳥の左手の親指と人差し指、そして右手の中指、薬指、小指は、現在も痺れたままだ。

驚くべきことに飛鳥はそんな状態でバイソン木村と六十分フルタイムドローの試合を戦い抜いた。この時飛鳥の顔は真っ青で、立ち方も歩き方も老人のようだったという。

クラッシュ再結成に向けて動き出していた九九年十月には、北斗晶の場外へのトペ・コンヒーロを受け止めた際に再び首を傷めて戦線離脱した。

医師の診断は脊柱管狭窄症および靭帯骨化症。通常の場合、脊柱の骨と骨との間隔は成人男性の平均が一・七ミリ、女性が一・三ミリだが、身長一七〇センチの飛鳥はわずか一・〇ミリしかなかった。頸骨が常に神経に触れているから麻痺が出る。

だましだましプロレスを続けてきた飛鳥だったが、「このままプロレスを続ければ四肢が麻痺して、寝たきりになる可能性もある」と医師から最後通告を受ければ、引退を考えざるを得ない。

長与千種のクレイジーバンプは有名だ。観客にショックを与えるためならば、どれほど危険な受け身でも取る。有刺鉄線の上にボディスラムで落とされることも、蛍光灯で頭を殴られることも、階段の上から突き落とされることも厭わない。

リアリストである千種は、道場では若手に命じて自分の腹に本気の蹴りを入れさせたことがあった。蹴られた時の苦しさや身体反応を覚えておいて、リング上で再現するためだ。ハードな受け身をとり続けた結果、千種は肩、膝、胸骨、肋骨、腰、首のすべてを傷めた。肩と膝は特に悪かった。「このまま試合に出続ければいつかは人工関節を入れることになる」と医師から引退を勧告されて、ついに飛鳥との同時引退を決意した。

二〇〇五年四月三日、横浜文化体育館に登場したクラッシュ２０００は、ＧＡＥＡ

JAPANの生え抜きである永島千佳世&シュガー佐藤に勝利すると、リング上でクラッシュ・ギャルズのデビュー曲「炎の聖書（バイブル）」を歌ってリングを去った。

クラッシュ2000の引退はGAEA JAPANの解散につながった。GAEAのフロントは、偉大なるクラッシュ2000の引退後も団体を継続することは不可能と考えたのである。

フリーランスのライオネス飛鳥は大いなる満足感を抱えてリングを去った。

女子プロレスが冬の時代を迎えた一九九五年以後、飛鳥ほど活躍した女子プロレスラーはひとりもいない。「一番はひとりしかいない」とは師匠のジャガー横田の教えだが、自分は一番のまま引退することができるのだ。

一方、GAEA JAPANの中間管理職であった長与千種は、大いなる挫折感を抱えたままリングを去った。心血を注いで作り上げた自分の団体は、観客を呼ぶ力を持つプロレスラーをついにひとりも作り出すことができないまま、解散せざるを得なかったからだ。

「女子プロレスは不滅です。潰さないし、なくすつもりもない。そうしないと、自分たちがやってきた道が、すべてそこで終わってしまうことになるから」

GAEA JAPANの最終戦となった二〇〇五年四月十日の後楽園ホール大会後

に行われた記者会見の席上で四十歳の長与千種はそう言ったが、信じる記者は少なかった。

## あの時は遠く

ＧＡＥＡ　ＪＡＰＡＮ解散から一週間が過ぎた四月十七日、同じ後楽園ホールで全日本女子プロレス最後の興行が行われた。

三時間に及ぶ長い興行の中で、会場を一番沸かせたのは極悪同盟のダンプ松本だった。二年前にプロレスに復帰していたダンプは、ジャガー横田を凶器攻撃で血まみれにした。レフェリーの阿部四郎はダンプの反則を見て見ぬ振りをし続け、ついにジャガー横田にスリーカウントを入れた。

〝一九八五年のクラッシュ・ギャルズ〟から、すでに二十年が経過していた。にもかかわらず、ＧＡＥＡ　ＪＡＰＡＮはクラッシュと共に散り、全日本女子プロレスはダンプ松本とジャガー横田と共に終わった。誰も気づかないうちに、女子プロレスの時は止まっていたのだ。

全試合終了後、肺炎と糖尿病で入院中の松永高司会長に代わって、松永健司副会長が挨拶した。

「昭和二十九年から今までやって参りましたが……」

言葉を詰まらせた健司副会長からマイクを引き継いだのは松永国松社長だった。

「三十七年間、支えてくれてまことにありがとうございます。こんな残念な終わり方をして、本当にファンの方には申し訳ありません」

そう言って国松が土下座すると、健司も続いた。

後楽園ホールを長い沈黙が支配した。


四カ月後、松永国松は品川区内のビルの七階から飛び降り自殺した。

二〇〇九年七月には松永高司会長が間質性肺炎で死去した。

七十三歳の老人が亡くなった時、日本の女子プロレスは終わった。

# 終章　クラッシュ再び

乱れ飛ぶ紙テープ。メガホンにハッピ。名も知らぬ街の公会堂の固いベンチ。
そのすべてを幻にして、あのとき少女だった。あのときを共に生きた。

ＧＡＥＡ ＪＡＰＡＮが解散する少し前に、飛鳥は銀座でスナック『ｇａｎｇｓ（ギャングス）』を開きました。現在、銀座のホステスの中心は四十代後半のクラッシュ世代。クラブのママがお客さんを連れて遊びにきてくれるのだそうです。この不景気に黒字を出しているのですから、たいしたものだと思います。繊細で思いやりのある飛鳥に、水商売は向いているのかもしれません。「銀座のお店が私の新しいリングです」と飛鳥は言います。プライドの高い飛鳥のことですから、きっと一番を目指しているはずです。

千種も水商売を始めました。『Ｒｉｎｇ Ｓｉｄｅ』というパブは湯島から船橋に移りましたが、『Ｓｕｐｅｒ Ｆｒｅａｋ』というライブハウスは湯島で健在です。二〇〇八年には北区の浮間舟渡で『Ｄｏｇ'ｓ Ｔａｉｌ』というドッグ・カフェを開店させました（注・二〇二三年一一月時点では三軒とも閉店）。

それでも、長与千種がプロレスから離れることなどできるはずがありません。

近い将来、必ず女子プロレスに戻ってくるでしょう（注・二〇一六年にＭａｒｖｅｌｏｕｓ〈マーベラス〉を旗揚げ）。

女子プロレスは、まだかろうじて存続しています。

現在、ＪＷＰ、ＬＬＰＷ－Ｘ、アイスリボン、スターダム、ＯＺアカデミー、ＷＡＶＥ、ディアナ等の団体が活動していますが、プロレスだけで食べていける人はごくわずか。大部分の選手は働きながらプロレスを続けています。

ＧＡＥＡ　ＪＡＰＡＮ解散後まもなく、里村明衣子はみちのくプロレスの新崎人生社長に誘われて、センダイガールズ・プロレスリングを旗揚げしました。

小さな団体の所属レスラーは里村も含めてわずかに四名。興行はフリーランスを数名呼んで行い、選手たちが他団体に呼ばれて試合をすることもあります。

旗揚げから八年が経ち、三十四歳になった里村は極めて聡明で魅力的な女性でありつつ、さらに他の選手とはまったく違う特別なオーラを発しています。ＧＡＥＡでのつらい経験が、そのオーラを作り出しているのでしょう。

二〇一一年三月の東日本大震災は、小さいながらも着実な活動を続けていたセンダイガールズに大きな打撃を与えました。

幸いなことに選手も道場も無事でしたが、新崎人生社長はセンダイガールズの経営から手を引き、新社長となったのは里村明衣子でした。この先、いつまで東北の地で女子プロレスを続けていけるかは、里村自身にもわからないでしょう。

クラッシュ・ギャルズの解散とともに女子プロレスを去っていったかつての仲間たちの多くは、普通の男性と普通の恋愛をして普通の結婚をしました。出産があり、育児があり、離婚があり、再婚があり、別居があり、職場復帰があり、家の購入がありました。彼女たちは女子プロレスを青春の一ページとして封印し、女性としての経験を積んでいったのです。

私は女子プロレスの現場を離れました。二〇〇七年三月に私のホームグラウンドだった『レディース・ゴング』『週刊ゴング』が廃刊になったことが直接のきっかけですが、私自身が女子プロレスにエネルギーを注ぐことが難しくなってきたことも確かです。現在はお笑い芸人さんの取材をしています。四十歳を過ぎて結婚もせず、相変わらずの不規則なライター稼業です。ブル中野さんが十五歳も年下の男性と結婚したと聞いた時には心から羨ましく思い、同世代の女性として大いに希望を持ちました。

母とはずいぶん前に和解しています。

私が上京することを一方的に決めたとき、母は毎日のように部屋にやってきては反対し、泣きました。一流百貨店のデパートガールだった母にとって、私が選んだプロレス記者という職種は理解しがたいものだったに違いありません。

母の涙を見たとき、私はようやく気づきました。母は母なりのやり方で、私を愛していたのです。でも、私には私自身の物語がありました。

一九八五年八月二十八日、大阪城ホール。

観客席にいた一万人以上の女の子たちは、長与千種がダンプ松本に髪を切られる様子を涙を流しながら見つめていました。

リング中央に置かれた椅子に座らされた千種は首に鎖を巻かれ、右手をブル中野に、左手をモンスター・リッパーに押さえつけられたまま、ダンプ松本にバリカンで髪を刈られています。その姿はまるで、着座のキリストでした。

長与千種は、私たちが抱える苦難のすべてを背負った殉教者だったのです。

十五歳だった私の物語はここから始まり、二十五年以上の月日が流れました。孤独に苛まれることもありますが、後悔はしていません。私は誰にも依存せず、自分が望んだ道を歩いてきました。

それは確かに、一九八五年のクラッシュ・ギャルズが教えてくれたことなのです。

# あとがき

二〇〇三年夏、文藝春秋を退社したばかりの私に原稿依頼があった。『デラックス・プロレス』の実質的な編集長を務めていた須山浩継氏からのもので、ライオネス飛鳥の人物評伝を書いてほしいという。

九〇年代前半のいわゆる団体対抗戦時代、『スポーツ・グラフィック・ナンバー』のデスクだった私は女子プロレス特集を作ったことがあったから、もちろん女子プロレスには大きな関心を持っていた。しかし、八〇年代半ばのクラッシュ・ギャルズの時代はほとんど見ていない。クラッシュの人気が最高潮に達したのは一九八五年だったが、この年には御巣鷹山の日航機墜落事故、阪神タイガース優勝、夏目雅子死去、「疑惑の銃弾」の主人公三浦和義の逮捕等、数多くの大事件が起こり、新米雑誌記者の私は訳もわからないまま走り回っていたからだ。

団体対抗戦時代の前も後も知らない私は、須山氏に数時間のレクチャーを受けた後、ライオネス飛鳥本人、母親の北村幸子さん、ジャガー横田、シャーク土屋らのレスラーに話を聞くと共に、集められる限りの資料にすべてあたって記事を書いた。前後編に分けて『デラプロ』に掲載された「ライオネス飛鳥　クラッシュへの帰還」は幸いにも好評だった。特に飛鳥の母親が喜んでくれたと後から聞いた。

この記事を読んだ文藝春秋の下山進氏から「長与千種にも取材して、一冊の本にしたい」という申し出があったのは、それから何年も後のことだ。下山氏は私の処女作『1976年のアントニオ猪木』の育ての親であり、当時の私は『Ｋａｍｉｐｒｏ』誌に「1993年の女子プロレス」という不定期連載インタビューを持っていたから、氏の言葉に異存はなかった。

ライオネス飛鳥はもちろん、長与千種も協力を快諾してくれて本書のための取材がスタートしたのは二〇一〇年六月。八月には『オール讀物』に「『赤い水着、青い水着』クラッシュ・ギャルズが輝いた時代」という百枚の記事を書いた。本書の原型である。

全日本女子プロレスほど選手たちが命懸けで戦っていたプロレス団体は、世界中探してもどこにもない。年間試合数は二百五十を超え、少女たちは狭いバスの中で四六時中顔をつきあわせていたから、常に大きなストレスを抱えていた。陰湿ないじめがあり、告げ口があり、仲間はずしがあった。指導という名の暴力が日常的に存在し、憎しみや嫉妬はリングの上で全面的に解放された。若手は独自の押さえ込みルールによる真剣勝負を戦い、後輩に負けると絶望して去った。骨折はケガのうちに入らず、首の骨を折る重傷を負ってさえ、恐れることなく試合に出たいと直訴した。

ライオネス飛鳥や長与千種から聞いた話は極めて興味深いものであり、雑誌原稿にはベストを尽くしたつもりだ。記事をお読みになった方には、「クラッシュ・ギャルズとは何だったのか」を理解していただけたものと信じる。

しかし、「なぜ少女たちはクラッシュをあれほどまでに深く愛したのか」「クラッシュが輝いた一九八〇年代は、少女たちにとってどのような時代だったのか」ということに関しては、実のところ私にはよくわかっていなかった。間抜けな話だが、自分が書いた記事を読んで初めて気づくこともあるのだ。

担当編集者の下山氏と話しあった末に、私は大きな決断をした。本を書く際には、クラッシュのふたりのほかに、もうひとりの主人公を立てるという決断である。

プロレスは観客なくしては成立しない。テレビの前でクラッシュの活躍に胸をときめかせ、ダンプ松本の反則攻撃に涙を流した八〇年代の少女の視点が、本書にはどうしても必要だった。

三人目の主人公として最もふさわしい人物は、私の知る限り伊藤雅奈子さん以外にはいなかった。ライオネス飛鳥親衛隊長から雑誌編集者になった彼女は、やがてプロレス記者に転身し、今はお笑い芸人やアイドルの取材をしているチャーミングな女性だ。書く人間は書かれる怖さを知っている。私の取材に実名で応じるにはかなりの勇気が必要だったに違いない。

心に闇を抱えた十四歳の少女が、ブラウン管の向こうで光り輝くクラッシュ・ギャルズに何を見つけ、その後の人生をどのように歩んでいったのか。事の経緯は本文を読んでいただく以外ない。ただひとつ言えるのは、彼女に話を聞いて初めて、私は「なぜ少女たちはあれほど深くクラッシュ・ギャルズを愛したのか」という疑問にひとつの答えを得たということだ。

十代の少女たちに自分の基準などない。人生の正解は飛鳥であり、千種だった。親衛隊とはすべてを知り、共有するためのシステムであり、隊員たちは飛鳥の不器用さも、千種の計算高さも、すべてわかった上で愛した。リングは神聖な場所であり、一度素人となった人間が戻ってはいけない。だからこそ、ふたりの復帰には断固として反対だった。

やる側も異常なら、見る側も異常である。かつて日本には熱い季節が存在したのだ。

ライオネス飛鳥、長与千種、そして伊藤雅奈子。三人の主人公に深く感謝する。

その他、本書執筆のためのインタビューに応じていただいたのは以下の方々である。ダンプ松本、広田さくら、ロッシー小川、中島幸一郎、山本雅俊、志生野温夫、吉野壽郎。

また、以下の女子プロレスラーの方々にお聞きした話は、クラッシュ・ギャルズを理解するために重要な示唆を与えてくれた。

ジャガー横田、デビル雅美、ブル中野、アジャ・コング、尾崎魔弓、井上京子、豊田真奈美、シャーク土屋、伊藤薫、里村明衣子。

これらの方々の協力がなければ、本書は決して完成しなかった。お礼を申し上げる。

最後に両親と家族、そしてわが師橋本治に感謝したい。

二〇一一年七月十九日　吉祥寺の自宅にて

柳澤健

# 井田真木子さんのこと——文春文庫版のためのあとがき

九〇年代半ば、私は文藝春秋出版局で単行本の編集に携わっていた。生まれて初めて作った単行本は、事故死したアイルトン・セナの写真集だった。

まもなく命じられてノンフィクション作家の井田真木子さんの担当になった。大宅壮一ノンフィクション賞を受賞した『プロレス少女伝説』(文春文庫)はもちろん読んでいた。「心を折る」という言葉は現在では一般に使われているが、オリジナルの発言者は女子プロレスラーの神取忍であり、神取が心を折ろうとした相手とは元ビューティ・ペアのジャッキー佐藤であった。

神取とジャッキーのふたりがジャパン女子プロレスのリングで戦った試合がシュートマッチ(真剣勝負)に至ったいきさつは、名作『プロレス少女伝説』に詳細に記録されている。

井田さんとは何度も会ったものの、女子プロレスの話をすることはほとんどなかった。彼女の関心は中国残留孤児にあり、同性愛者にあり、エイズ問題にあり、ノンフィクション作家という仕事そのものにあり、女子プロレスにはなかったからだ。

「沢木耕太郎さんについて書こうと思っているの」

井田さんがそう言った時、実現は難しいだろうと感じたことを覚えている。ノンフィクションは時間のかかる仕事だ。無能な担当者は、結局井田さんの本を一冊も作れないまま、別の部署に異動になった。

それから数年が過ぎた二〇〇一年春、井田真木子急逝のニュースが社内を駆け巡った。四十四歳の早すぎる死に衝撃を受けた。井田さんが女子プロレスを離れてからずいぶん経つ。プロレス関係者が井田さんの死を知るまでにはかなりの時間がかかるだろう。葬儀に出席したくともできない人もいるのではないか。そう考えた私は、訃報《ふほう》と告別式の予定を書いたファックスをすべてのプロレス団体と専門誌宛に流した。

告別式当日、五反田の桐ヶ谷斎場に何人のプロレス関係者がやってきたかは知らない。神取忍が号泣していたことはよく覚えている。長与千種の姿はなかった。

喪主は井田さんの御尊父だった。小柄な老夫婦がひとり娘の葬儀に参列した人々に深々と頭を下げて礼を述べる姿は、あまりにも哀しいものだった。

二年後、文藝春秋を退社してライターになった私に『デラックス・プロレス』から原稿依頼があったことは「あとがき」でも触れた通りだ。『デラプロ』はかつて井田真木子が主戦場とした雑誌である。いい加減な原稿は書けない。

ライオネス飛鳥の記事を書くために、私は真っ先に永田町の国会図書館に行き、八〇年代半ばに井田真木子がクラッシュ・ギャルズについて書いた『デラプロ』の記事をすべて読んだ。

一家離散の悲劇を味わい、親戚の家を転々とし、クラスメイトからも同期のレスラーからも排除された長与千種。八歳で強姦されたことがトラウマになり、十三歳から十年以上の間、飲酒衝動を抑えきれなかった井田真木子。このふたりが語り手と聞き手となって作り上げた記事は、女子中高生を読者対象とする雑誌のインタビュー記事であるにもかかわらず、恐るべき緊張感に充ち満ちていた。読者の少女たちは人生を変えるほどの衝撃を受けたに違いない。

立派な母親と優しい姉の庇護の下に育ったライオネス飛鳥が、心の奥底を暴き出そうとする井田さんのインタビューを拒否したのは、一種の自己防衛でもあったろう。『プロレス少女伝説』をお読みになった方ならば、引用以外に長与千種の発言が一切出てこないことにお気づきだろう。長与千種は井田真木子への協力を拒否したのである。「なぜですか?」という私の問いに、千種は「ちょっとした行き違いがあった」とだけ答えた。

本書の三人目の主人公である伊藤雅奈子さんは、井田さんとクラッシュによって人生を変えられたひとりだ。彼女と一緒に四谷の東長寺まで井田さんの墓参りに行ったのは、二〇一三年二月の寒い日だった。


この本は、本来ならばあなたが書くべき本でした。でも、様々な偶然が重なって、私が書くことになりました。井田さんの取材の成果を使わせていただいたことをお許しください。

ありがとうございました。どうぞ安らかに。

短い戒名に向かって、私は心の中で礼を言った。

二〇一四年二月二十日　吉祥寺の自宅にて

柳澤健

# 雨宮まみさんのこと──光文社未来ライブラリーのためのあとがき

『女子をこじらせて』（ポット出版、現在幻冬舎文庫）が話題を呼び、〝こじらせ女子〟という流行語まで生み出してしまった人気ライターの雨宮まみが、君の本の感想を恐ろしい熱量でツイッター（現・X）に連投しているよ、と友人から教えられたのは、二〇一五年六月のことだった。

《仕事中ですが、ちょっとだけどうしても今言わせてください。この本、むちゃくちゃすごくて、読んだあともしばらく嗚咽が止まりませんでした。／柳澤健の1985年のクラッシュ・ギャルズ（文春文庫）》

《なんで今、この本を読んだかというと、先日スターダムの試合を観に行ったら、「プロレスキャノンボール」にも出演してらした里村明衣子選手がメインマッチに出てらして、その存在感に圧倒され、里村選手のことを知りたいと思ったら、友達にこの本

を薦められたのでした。》
《で、そこに何があったかというと、世間が、周りが、家族が求める「女」になれない女の子たちの救いが、女子プロレスにあった、そんな時代の物語があったんですよ。物語があり、熱狂があり、多くの女の子の心を女子プロレスが救っていた。そして、その世界は崩壊していく。》
《こんな最高の本があるかよ。物語も、著者の柳澤さんの文章も、すべてが最高で、行き場のない女たちの魂を救済してくれるようだった。そして、その救済はただ温かいものじゃなくて「あなたはあなたの戦場で戦いなさい」と言いながら、励ましてくれるようなものだった。》
《里村明衣子選手が、なぜわたしにとってあんなに輝いて見えたのか、その理由が少し見えたような気持ちにもなった。》
私はうれしかった。『1985年のクラッシュ・ギャルズ』がプロレス以上に女の子の物語であることを、これほどはっきりと示してくれた人は、これまでにひとりもいなかったからだ。
旧知の天才イラストレーター寺田克也に「雨宮まみさんのツイッターがうれしかった」という話をすると、じつはふたりが親しい友人であったことが判明する。

「いま、まみやんは里村さんにぞっこんで、仙女の大会に通いつめていますよ。七月三〇日の新宿FACEも、最前列のチケットを買ったと言ってました」

私は旧姓・広田さくら公認ファンクラブ会長であり、センダイガールズプロレスリングの新宿FACE大会にもファンクラブのメンバーと一緒に行くつもりだった。大会終了後の売店で雨宮まみを見つけ、数分の立ち話と名刺交換をした。

宝塚のファンだった彼女は、新日本プロレスとドキュメンタリー映画『劇場版プロレスキャノンボール2014』のあと、六月十四日のスターダム後楽園ホール大会に登場した三六歳の里村明衣子を見て衝撃を受ける。「強くてかっこよくて、女をひとつも捨てないどころか、全身で咲き誇るようだった」（雨宮まみ）からだ。雨宮まみは三歳年上である。

里村明衣子の衝撃を友人の映画監督の今田哲史（『迷子になった拳』）に興奮しながら話すと、今田が『1985年のクラッシュ・ギャルズ』を勧めてくれた。「里村さんも出てくるから、女子プロレスの入門編として読んでみたら?」

読んで号泣した雨宮まみが、里村明衣子と女子プロレスに深くのめりこんでいく最中、私と会ってすぐに親しくなった。お互いに忙しく、直接会うことはなかったが、ツイッターのDMやメールで無数のやりとりをした。

一一月一二日のセンダイガールズの後楽園ホール大会は、雨宮まみと友人の美容ライター長田杏奈、寺田克也を含む私の知り合いたちと大勢で見た。楽しかった。

優れた編集者は常に書き手を探しているものだ。雨宮まみが里村明衣子に夢中で、『井田真木子 著作撰集』（里山社）や私の『1993年の女子プロレス』（双葉社）を読んで泣いたと聞いたイースト・プレスの藁谷浩一（現・集英社）は、すぐに十一月一五日に刊行された『井田真木子と女子プロレスの時代』（イースト・プレス）への寄稿を依頼した。帯に使われた彼女の一文は、私の心に深く突き刺さった。

《「真摯であることだけが、私たちを自由にしてくれる。井田真木子の文章の熱、ときには鋭利なほどの冷静さ、巧みな文章力から、私が嗅ぎ取るのは、自由の香りなのである」――雨宮まみ》

優しく美しく可愛らしく、聡明で才能に溢れ、甘い声の持ち主。人生相談の名手である雨宮まみは、他人の言葉に耳を傾ける優しさと、本質を見抜く鋭さの両方を持っていた。私は彼女のことが好きだった。

刊行当日の十一月一五日には下北沢のB&Bで雨宮まみ×柳澤健による同書の刊行記念イベントが行われた。与えられたテーマは「女子プロレスラーと女子の生きざま、そして井田真木子をめぐって」というもの。私があらかじめ彼女に「自分のことを話して」とリクエストしていたこともあってか、話は予想外にセンチメンタルな方向へと進んでいった。

「柳澤さんの本（『1985年のクラッシュ・ギャルズ』）の文庫版のあとがきに、井田さんのことが書いてあって、これは井田さんの本も読まなくちゃって『井田真木子著作撰集』も読みました。大体私は寝そべって本を読むんですけど、もう、枕の脇がビショビショになるくらい泣いてしまいました。

柳澤さんの本は悔しかったですね。クラッシュ・ギャルズがやってることが凄すぎて。〝こじらせ祭り〟みたいなことじゃないですか。全国の、自分が女になるかならないかとか、女であることで抑圧されてるって思ってる女子たちみんな『クラッシュ・ギャルズは私だ！』と思って熱狂してたわけでしょ。クラッシュのふたりは、すごく重たい期待を背負っていたと思います。

『1985年のクラッシュ・ギャルズ』で一番最初にグッときたのは、長与千種が長崎に生まれて、男を育てたいお父さんに教育を受けたというところ。

私は福岡生まれの長女です。父親にとっては最初の子供だから、すごく気合いを入れて育てられました。勉強しろ、優秀になれ、公務員になれ、と。また当時の私がそこそこ勉強ができたので、期待されて育っていくんです。

私は期待の星として育ちたいわけじゃなかった。勉強のことばかり言われて、自分の趣味や好きなことや部活は、成績が下がるからやめろと全部否定されたから。

高校生の時だったかな、私は音楽が好きだったので、コンサートに行きたかったんです。米米CLUBの（笑）。ホントに恥ずかしい（笑）。福岡で米米CLUBの2DAYSがあって、セットリストが違うから、私は二日間とも行くつもりでした。ウチは門限が厳しくて『明るいうちに帰ってこい』といつも言われていたので『塾に行ってきます』と親には嘘をつきました。

ところが、たまたま初日に『ミュージックステーション』の中継が入った。番組を観ていた親が『娘はこれに行ってるんじゃないか？』と疑って塾に電話をかけると、案の定『来ていません』という返事。家に帰ると激怒した父親から『お前、どこに行ってたんだ！』と説教されました

何を言われようが、私の中には『明日も行きたい』という思いしかないので、『すみません、すみません。でも明日も行かせてください』と繰り返すのですが、父親は『そんなとんでもないことがあるか！』と怒って、結局、手を上げられました。

その時に私は思いました。土下座して頼んでも、たかがライブ一個行かせてもらえないのか。非行にも走らず、ずっとまじめに勉強して、自分で貯めたお金でチケット

を買って、それでも許されないって、何なの？　もうこの人のことは一生許さないって。ホントに許さなかったんです。心の中ではずっと。

　もちろん、父親が自分のことを愛してくれてるってわかっているけど（泣く）、ありがたいって思ってるんですよ。でも、あの時に『許せない！』と思った気持ちはずっと残っていて（泣く）。

　もう、ここから逃げ出さないと私の人生は始まらないな、と思って、半ば強引に東京の大学に行きました。

　今年、父親が亡くなったんですけど、私はその前に会いに行きました。すぐに死ぬとは思っていなかったけど、もういいトシだし、わだかまりを残したまま別れるのはイヤだなと思って、『会ったらハグしよう』と決意して福岡に飛びました。

　久しぶりに会った父は、すごく弱くなっていました。弱くなって、いろんなことが変わっていた。『あの時の俺は間違っていた。俺の子育てのやり方が悪かったのかもしれない』と。『そんなことないよ』とハグして、少しだけ話をしました。

　父親は私に愛情があったと思うし、世間的にはものすごくいい親です。そのことはわかってるんですけど、でも結局、自分の中にあるわだかまりが消えることはありませんでした。

私を作ってきたのは私自身だ、私は東京に出てから自分の人生を始めた、という思いがずっとあって、だからこそ私は、親のお墓には入りたくない。

女性のライターって、本当に死ぬんですよね。若くして亡くなる方がホントに多い。自分がライターになる前からそうでした。自分が好きだったライターが急に亡くなったりとか。必ずしも自殺とかじゃなくて、たとえば、オーバードーズでお風呂場で溺れたりとか、情報ははっきり伝わってこないけれども、自殺ではなくとも、追いつめられていた状態で亡くなった方が多いと思います。

私はずっと、女性が強くなることはモテを放棄することだと思っていました。怒っちゃいけない。男のプライドをへし折っちゃいけない。強い女は、ある意味で男化《おとこか》しているからモテない。そんな風に考えていたんです。

でも、里村さんがリングに登場した瞬間に、自分の偏見が一瞬でブワッと吹き飛んだ。『そうじゃない。こんな風に自分がやりたいことをやって、何ひとつ捨てないまま生きている人がいるんだ！』って。里村さんのあり方に、ひとつの道が見えたような気がしました」

トークイベントの四日後のブログで、雨宮まみは次のように書いている。

《昔だったら、できない話だったし、相手が柳澤さんだから、題材が女子プロレスだから、というのもあったと思う。けれど、女子プロレスを観ているうちに、わたしは確実に、自分の感情や弱みを見せることは、恥ではないと思うようになった。

プロレス以外のものを観ていても、思うことだけど、人が輝くには、「こういうものが今流行っている」とか「こういうものが受ける」とか、「だからこういうふうに見せかけてみよう」みたいなものは、全然通用しない。人は、人を見る。人が人を見る目って、それなりに確かだ。強いだけでも、美しいだけでも、誰をも感動させるスターになれるかは、また別の話なのだ。

人の心を動かすには、その人がその人自身になるしかない。欠点も、弱点も背負った上で、「私は私です」と、開き直ったその人自身を、見せていくしかないのだと思う。そうして、本当に自分の力で自分自身を勝ち取ったときに、輝きを放てるのだと思う。

文章やわずかな映像でしか知らないが、里村明衣子選手のプロレス人生は、決して順風満帆ではない。女子プロレス人気が下火になってゆく過程でずっと選手を続け、仙台に団体を立ち上げて、震災もあった。選手としての悩みもたくさんあっただろうし、団体を支える代表としての悩みもあっただろうと思う。

自分だったら、自分がもしそんな20年を過ごしていたら、絶対に世間を恨んだし、なぜ誰もわたしの苦労をわかってくれないんだ、と被害妄想的な気持ちになったと思う。

里村選手に、そうした鬱屈とした部分はまったく感じない。いつも、試合では仁王のような顔をしているけれど、普段はとても晴れやかな笑顔で、心から楽しそうで、満足しているように見える。どうして、あんなふうにいられるんだろうか。

本当に好きなことを好きなだけ全力でしていれば、あんなふうになれるんだろうか。

仙台の20周年記念試合で、里村選手が、「私の目標は、２０２０年に武道館で試合をすることです」と言ったとき、こみあげるものがあった。

自分は、そんなふうに何かを、信じたことがあるだろうか。

人にバカにされるかもしれないような、大きな目標を持ったことがあるだろうか。

「できる」と信じた目をして、言えるだろうか。

でも、あのときわたしは、「できる」と思ったのだ。

この人ならできるし、本当に今の勢いならできるかもしれない、と。

夢を持つことは、誰にでも、わりとできることかもしれない。

でも、その夢を人に信じさせることは、誰にでもはできない。》

（「東京を生きる」期間限定ブログ）

同じ頃、里村明衣子から私に電話が入り、三人で会おうという話になった。銀座の日本料理店で食事をしたのは二〇一六年の正月明け。憧れの人と初めて話せてうれしそうな雨宮まみの横顔を見て、私も幸せな気持ちになった。

二月末には私の『1993年の女子プロレス』（双葉文庫）の巻末座談会のために再び三人で会った。

二〇一六年の雨宮まみは、かつてないほど多忙だったが、エネルギーに満ちていた。ウェブ連載「40歳がくる！」（九月一日）では次のように書いている。

《怖くなった。焦った。本当に思ってることを書かないと。力が足りなかろうが、求められてなかろうが、書かないと。必要だろうが必要じゃなかろうが、したいことをしないと。欲しいものを欲しいと言わないと。手を伸ばさないと。無駄だろうが、馬鹿げていようが、愚かなことであろうが、それをしないと、私は自分の人生をちゃんと生きていると言えない、と強く思った。

それは、別に「今年40歳になるから」ということがきっかけではなかったと思う。単に仕事について考えることが増えて、そこから、自分自身はいったい何なのか、みたいなことまで考えるようになったことが大きかった。去年好きになったばかりの女子プロレスで、いちばん好きな里村明衣子選手という女性が、あまりにもかっこよく、その人自身を生きている姿を見てしまったことも、とても大きなきっかけだったと思う。女は年齢じゃない、人間は年齢じゃない、志と生き方と姿勢で、いつまでも気高くいられる。そういうことを初めて、きれいごとじゃなく心の底から感じて、自分も自分自身で輝きたい、里村さんほどにはなれなくても、何かああいうオーラのようなものを放って、自分に酔いしれることができるようになりたいと思った。里村さんを知って、私は目標というものを得て、少しばかり無茶をしてみたくなったのだ。

結果、今年ほど楽しく、今年ほど苦しく、大変な一年はないという一年になりつつある。ここでハイブランドの服に手を出したりしないあたりが自分の、しっかりしてるところでもあり、思い切りが足りないところでもあるが、もうそんなことはどうでもいい。限界が知りたいわけじゃない。楽しめればそれでいい。安くても好きな服、着たい服を着るだけだし、高くても好きな舞台やプロレスを観に行くし、今年のこの程度の無茶は、すぐに帳尻合わせてやるよ、という気力だけはある。

その気力が、去年はなかった。ぜんぜんなかった。つまらない女を卒業した、という思いを、今年初めて味わっている。》

最後の一文をリアルタイムで読んで、私がどれほどうれしかったかを説明することは難しい。

二〇一六年九月二六日は雨宮まみ四〇歳の誕生日である。自らパーティを開き、ウェディングドレスを着て「レット・イット・ゴー」と「風と共に去りぬ」を熱唱した。

ミシマ社から「里村明衣子の本を書きませんか？」という依頼がきたのはこの前後だったはずだ。快諾した雨宮まみは「通常のノンフィクションではなく、女子たちが飛びついて読みたくなる本にしたい」と張り切っていた、とずっとあとになってから担当編集者から聞いた。

十一月九日、私は雨宮まみを含む友人たちと後楽園ホールでセンダイガールズプロレスリングを観た。大会終了後の飲み会は長田杏奈（『美容は自尊心の筋トレ』）、マンガ家の故・河口仁（『愛しのボッチャー』）やプチ鹿島（『ヤラセと情熱〜川口浩探険隊の「真実」』）、堀江ガンツ（『闘魂と王道〜昭和プロレスの16年戦争』）たちと大いに盛り上がった。「里村明衣子さんのノンフィクションを書くことになりました」と雨宮まみは隣席の私に小声で教えてくれた。

突然の訃報を聞いたのは一週間後の十一月一六日夜八時頃だ。新潮社の西麻沙子からの電話に、私は言葉もなかった。

「雨宮まみさんがご自宅で倒れ、そのままお亡くなりになりました。今晩十一時までならお顔が見られます。告別式は明日ですが、お顔を見られるかどうか」

慌てて香典を用意して、吉祥寺の自宅から中野の野方グリーンホールまでクルマで向かう途中、環七沿いにクルマを停めてひとしきり泣いた。

少し落ち着くと、やらなければならないことを思い出した。

すぐに電話に出てくれた里村明衣子に、雨宮まみの急死と明日の告別式の場所と時間を伝えると、冷静沈着なるファイナル・ボスは「告別式に伺います。死因は何ですか?」と私に尋ねた。

「わからない!」と私は叫んで絶句した。自殺ではない。世界で一番好きな人のことをこれから書こうとしているライターが自殺するはずがないのだ。

棺の中の雨宮まみは美しかった。完璧な死化粧を施したのは長田杏奈。ほんの少しだけ髪に触らせてもらった。

帰宅後、寺田克也と一晩中チャットした。眠れぬ夜を明け方までつきあってくれて本当に感謝している。

告別式には里村明衣子が仙台からわざわざきてくれた、と旧姓・広田さくら公認ファンクラブ副会長の目崎敬三から聞いたが、私はどうしても行くことができなかった。

数日後、福岡県小郡《おごおり》市在住の母親から香典返しが届いた。添え状はいまも持っている。雨宮まみの本名が書かれていたからだ。

双葉社の手塚祐一は人の心がわかる人で、里村明衣子と私に写真とフォトフレームをプレゼントしてくれた。写真の真ん中には里村明衣子。左右に雨宮まみと私。『1993年の女子プロレス』文庫版に収録された座談会の時に撮った写真だ。雨宮まみは、最愛の人の隣りで幸せそうに微笑している。フレームは鮮やかな赤。里村明衣子の色だ。雨宮まみは里村明衣子に深紅の口紅をプレゼントしている。

里村明衣子から「写真に柳澤さんのサインを入れて下さい」と頼まれたので、「私のサインでいいのかな？」と思いつつ、お互いに写真にサインを入れて交換した。雨宮まみのサインがないのは淋しいが、この写真は、私が生きている限り机辺《きへん》にある。

雨宮まみが書く里村明衣子のノンフィクションを読みたかった。

二〇二三年十月一日　横浜武道館から帰宅した夜に

柳澤健

# 解説

尾崎ムギ子

夏——。近所の回転寿司屋で、昼間からひとりで瓶ビールを飲んでいると、携帯に知らない番号から着信があった。一昨年、携帯を機種変更した際、データの移行がうまくいかなかったため、わたしの携帯には昔の知り合いの番号がほとんど登録されていない。だからこのときも、〝昔の知り合いのだれか〟だろうと思って、電話を受けた。

「もしもし、柳澤です。あなたに『1985年のクラッシュ・ギャルズ』文庫本の解説を書いてもらいたいんだけど」——。澄んだ声と品のある話し方が、耳に懐かしかった。ああ、わたしはこの人のことがとても好きだったな、と思った。「ありがとうございます。ぜひやらせてください」とだけ伝えて、電話を切った。

どうして彼は、わたしなんかに解説を任せたのだろう。『1985年のクラッシュ・

ギャルズ』の大ファンであると話したことはあるが、それだけで文庫本の解説を任せるだろうか。かつて「とても大事な本なんだよ」と教えてくれたことがある。

何日も何日も考えた。こんな大役がわたしに務まるはずはないと、やはり断ろうかとも考えた。しかし数日経って、ある結論に至った。彼はわたしに解説を書かせることで、わたしを救いたいのだろう――。そしてわたしもまた、この解説を書くことで救われるという確信があった。『1985年のクラッシュ・ギャルズ』の解説を書くことでしか、わたしはもう救われないようにも思えた。わたしはこの本の呪縛に囚われていたのである。

## 出会い

二〇一五年秋から冬にかけて、メディアがこぞって「プ女子」をテーマに取り上げた。プ女子とはプロレスが好きな女性のことで、近年、プロレス会場には女性客が増え続けているという。プロレスのプの字も知らなかったわたしは、「つまらなければボツにすればいいや」と、軽い気持ちでプロレスのトークイベントを取材することにした。

ゲストは、ノンフィクション作家の柳澤健。「アントニオ猪木の本が有名なんですよ」と紹介され、内心、「アントニオ猪木ってプロレスラーだっけ?」と思いながら、イベント前にインタビューを敢行した。

柳澤の話は面白かった。「プロレスはショーである」と彼は言う。昔はリアルファイトだと思われていたが、総合格闘技が出てきて、プロレスはショーだという見方になった。しかしいまは、「だったら面白いショーを見せてあげるよ」という打ち出し方をしている。君たちこんなことできないでしょ、しかもカッコいいでしょ、周りにこういう男いないでしょ、というファンタジー。昔からある勝負論よりも、いまはもっと「最強より最高」というものを提供しているという。

そして「プロレスを観たことがないのなら、『リアル』13巻と、YouTubeの『飯伏《いぶし》幸太《こうた》vs.ヨシヒコ戦』から入るといい」と勧めてくれた。このふたつに、わたしの心は射抜かれた。プロレスの魅力に憑《と》りつかれ、すぐに記事を書いた。しかし、佐藤光留《さとうひかる》というプロレスラーが「この記事を書いた人間を絶対に許さない」とツイートしたことで、プロレスファンの間で大炎上した。

ひどい叩かれようだった。わたしの人格を否定するものまであった。泣きながら、『リアル』13巻と一緒にAmazonで注文した『1985年のクラッシュ・ギャルズ』を読んだ。クラッシュ・ギャルズの存在は知らなかったが、アントニオ猪木やジャイアント馬場よりも〝自分に近い〟物語であるような気がしたのだ。

主人公であるクラッシュ・ギャルズのふたり（長与千種、ライオネス飛鳥）の他に、〝第三の視点〟が入る。クラッシュの熱狂的ファンである中学生の女の子だ。家では美しい姉と比較され、学校ではいじめられ、居場所のない彼女はクラッシュ・ギャルズにのめり込んでいく。

《両親の経営する店がつぶれて、一家離散の悲劇を経験した長与千種。父親の顔を知らないまま育ち、肥満を強靭な意志で克服したライオネス飛鳥。彼女たちの悩みに比べれば、私の悩みなど小さい。つらい日々を送ってきた彼女たちがあれほど輝けるのなら、私だってできるはずや、と心から思えました。》

わたしは第三の視点である少女に感情移入した。わたしも母親との関係に悩み、美しくないことに悩み、女であることに悩み続けてきたからだ。彼女がクラッシュに耽《たん》溺《でき》していくにつれ、わたしもクラッシュに恋をしているような感覚に陥った。

単なる人物評伝であれば、第三の視点は必要なかったかもしれない。しかし柳澤が試みたのは、クラッシュ・ギャルズという〝現象〟がなんだったのかを明らかにすることである。そのためには、第三の視点が必要不可欠であった。クラッシュの熱狂的ファンの視点を通して、読者は当時の熱狂を追体験することができる。

なんてお洒落《しゃれ》な構成なんだろうと、眩暈《めまい》を覚えた。いつかわたしもこんな本が書きたい。柳澤健のようなノンフィクション作家になりたい。それまでただ漠然とライターを続けていたわたしにとって、光が見えた。

記事が炎上して、尋常じゃないショックを受けた。プロレスなんて、もう二度と関わりたくないと思った。しかしわたしはプロレスの記事を書き続けることにした。柳澤健のような作家になるためには、プロレスの記事を書き続けなければいけないと思ったからだ。

第三の視点である少女は、ライオネス飛鳥の親衛隊長になり、やがてプロレス記者になる。長与千種は全日本女子プロレスを退団し、新団体GAEA JAPANを旗揚げ。ライオネス飛鳥もGAEA JAPANのリングに上がった。

《ダイナマイト関西の事故がきっかけとなって、飛鳥が初めてGAEA JAPANのリングに上がった時、私は予感しました。飛鳥が千種のいるリングに上がるのなら、いずれふたりがタッグを組む日もやってくるでしょう。つまり、もう一度クラッシュが見られるのです。そして私は記者としてクラッシュの試合のレポートを書き、お金をもらえる立場にいます。

もしそうなったら。

私はもう死んでもいいと思いました。》

この頁を擦《す》り切れるほど読んだ。リアルに擦り切れて、三冊買い替えた。いつしか文章を書くときは必ずこの頁を読み、「こういうものが書きたい」と祈る儀式をしてから書き始めるようになった。

## 才能のないわたしは

「炎上してつらかったでしょ?」「あんな記事、書かなければよかったね」といまだに言われることがある。しかしわたしはあの記事を書いたことを後悔したことは一度もない。柳澤健が唯一、褒めてくれた記事だからだ。その後、彼がわたしの記事を褒めることは二度となかった。

あるとき、女子プロレス観戦後の飲み会に作家の雨宮まみさんが参加した。雨宮さんはセンダイガールズプロレスリングの里村明衣子に夢中になっていたのだ。聡明で、美人で、人を魅了する翳《かげ》があり、しかも才能に満ち溢れている。羨ましいなと思った。わたしは美人でもなく、才能もない。なにより羨ましかったのは、柳澤が雨宮さんのことを褒めちぎっていたことだ。柳澤さん、あなたに褒められたくて、ただその一心で記事を書いている人間がここにいるのに、どうして雨宮さんばかり褒めるんですか……。女の嫉妬は醜いと思いながらも、隠しようがなかった。そのときのわたしはとても醜い顔をしていたと思う。

雨宮さんと柳澤の距離は、急速に縮まっていった。一緒にトークイベントをやり、柳澤はいつも嬉しそうに「雨宮さん、雨宮さん」と言っていた。その頃からだろうか。柳澤はわたしに「あなたはライターをやめたほうがいい」と言うようになった。酒と睡眠薬に溺れていることを心配してくれたのだと思うが、「雨宮さんのような才能がないんだから」と言われているようで堪《こた》えた。

そんなわたしの心の隙間にすっと入り込んだのは、他でもない、長与千種だった。二〇一六年四月、長与が新団体マーベラスを旗揚げするとのニュースを受け、わたしは彼女と、弟子の彩羽匠《いろはたくみ》にインタビューを申し込んだ。取材場所に現れるやいなや、長与はわたしに向かって90度頭を下げた。「ありがとうございます、ありがとうございます」――そしてにこっと微笑むのである。美しくもない、才能もない、わたしなんかの目を真っ直ぐ見て、にこっと……！『1985年のクラッシュ・ギャルズ』を読めば、長与千種が女の心を巧みに操作する人だということがわかる。十分に警戒して臨んだつもりだったが、わたしの心は簡単に持っていかれてしまった。長与さんが伏し目がちになった、ちょっとこっちを見た、コーヒーカップに手をやった、少し悲しそうな顔をしている……彼女の些細な表情や仕草に、わたしの心は釘付けになった。

長与はわたしが書いた記事をえらく気に入ってくれた。「尾崎ムギ子の筆はスープレックスを超える素晴らしいスキル」――。柳澤は褒めてはくれない。しかしわたしは長与千種に認められたのだ！ 女子プロレスの本を書こう。『1985年のクラッシュ・ギャルズ』のような、いや、それを超えるような本を書こう。きっと書けるはずだ。なぜならわたしはあの長与千種が認めたライターなのだから。

あの頃のわたしは、異常だったと思う。

二〇一六年一一月、突然の訃報《ふほう》が流れた。雨宮まみ、急死――。柳澤は憔悴しきっていた。掛ける言葉もなかった。

雨宮さんが書く女子プロレスの文章は本当に美しかった。わたしなんかが女子プロレスの本を書いたら、その世界を汚してしまう。わたしは女子プロレスを心の奥底に封印した。

## 令和の髪切りマッチ

二〇一九年三月、男子プロレスラーのインタビュー集を出版した。その後、燃え尽き症候群に陥り、筆がぴたりと止まった。全部出し切ってしまった。もうなにも書きたいことがない。ライターはほぼ廃業状態になり、アルバイトで日銭を稼ぐ日々が一年半続いた。プロレスとも疎遠になった。

しかしとある女性編集者に「また文章を書いてください」と懇願され、根負けしたわたしは彼女とＷＥＢ上で往復書簡を始めた。女子プロレスに夢中になった彼女に誘われ、二〇二一年三月三日、スターダム日本武道館大会を観に行くことになった。メインイベントはジュリアvs.中野たむの「髪切りマッチ」だ。

一九八五年八月二八日、大阪城ホールにて長与千種vs.ダンプ松本の髪切りマッチが行われた。長与が負けて坊主にされると、一万人の少女が泣いたと、『１９８５年のクラッシュ・ギャルズ』にも記述がある。

あんな本が書けたら、死んだっていいとずっと思っていた。そしてその文章は女子プロレスについてであってほしいと、心のどこかで思っていた。

ジュリアと中野たむが髪切りマッチをやると聞いたとき、もしかしたらそのときが来たのかもしれない、という期待がこみ上げてきた。「死んだっていい」と思える文章がいまのわたしに書けるとは到底思わないが、一歩近づけるかもしれないという期待……。女子プロレスに熱狂して、記事を書き、燃え尽きて死んでしまいたいという破滅願望……。本当に死にたいわけではないが、物書きの端くれとして、生意気にそんなことを夢見たりもした。

「令和の時代に、髪切りなんて！」という批判も多かったが、素晴らしい試合だった。死闘の末、勝利したのは中野たむ。勝利した瞬間、中野は号泣した。すべてを出し切って闘った。ベルトを手に入れた。しかしジュリアは「恥かかせるなよ」と、中野にバリカンを手渡す。もうなにもいらない。「髪なんて切らなくていい」と泣いて訴えた。しかしジュリアは「恥かかせるなよ」と、理容師に託した。涙が止まらない……。「やっぱり切れない」と、理容師に託した。

ジュリアの髪が刈られていく間も、中野の涙は止まらなかった。そしてマイクを渡された彼女は泣きながらこう言った。

「ズルいよ、オシャレじゃん」

緊迫した会場の空気が、一気に和《なご》んだ。中野たむのこういうところが本当に素晴らしい。彼女のこのひと言で、令和の髪切りマッチは悲壮感のない明るい終幕を迎えた。

髪切りの儀式が始まる前、ジュリアもまた泣いていた。負けてしまったことが悔しいという単純な感情ではないはずだ。いろいろな感情が入り交じっているであろう中、ふと一瞬、女の顔になった。「いまから髪切られるの怖いよ……」という、すごくリアルで、生々しい感情が見えた。

女子プロレスの魅力として、「女子のほうが感情が出やすい」ということがよく言われる。この日の髪切りマッチは、そんな女子プロレスの魅力が詰まっていた。プロレスは「リアルじゃない」と言われるが、こんなにリアルなスポーツは他にない。こんなにも選手の感情や生き様が試合に滲《にじ》み出るスポーツは、他にない。

わたしは女子プロレスの記事を書き始めた。雨宮さんのような美しい文章は書けないだろう。それでも女子プロレスをもっと世間に広めたい。ひとりでも多くの女子プロレスラーをメディアに出したいという思いが勝った。

柳澤は、わたしが女子プロレスの記事を書くことに反対だった。井田真木子、雨宮まみ……女子プロレスに関わった女性ライターは死んでいく。「あなたには死んでほしくない」と言われたとき、「わたしは井田さんや雨宮さんのように深く考える頭がないから大丈夫ですよ」と言ったが、心のどこかに恐怖心もあった。わたし自身もまた、女子プロレスに潜む闇を感じていたからだ。心の隙間にすっと入り込み、虜《とりこ》にして、骨の髄まで吸い尽くす……。ホストのような恐ろしさが、女子プロレスラーにはある。

「井田さんはどこかで女であることを憎んでいて、まみさんは過剰に女であろうとして、結局ふたりとも潰《つぶ》れた」と柳澤は言った。わたしも女であることに悩み続けている人間のひとりだ。

恋愛対象は男性だが、性的な関係を持つと相手の男性に対する憎しみでいっぱいになる。わたしを汚したことへの憎しみだ。41歳にもなって「汚された」などと感じるのはおかしいのはわかっている。しかし心のどこかで「ずっと無垢《むく》な少女のままでいたい」という願望があり、関係を持った途端、その男性を許せなくなってしまう。そんな自分もまた許すことができず、もう一生、恋愛はしないでおこうと決めている。『1985年のクラッシュ・ギャルズ』には、クラッシュに夢中になった少女たちの心理が見事に描かれている。

《千種の中学時代、下級生たちは、男にも女にもなりきれない千種に憧れ、深く愛した。心の奥底で、自分が女であることを悲しんでいたからだ。

思春期は内なる性と向かい合う季節である。

思春期の少女たちにとって、女であることは屈辱でしかない。かといって男を愛すれば、自分が女でしかないことを突きつけられるだけだ。だからこそ少女たちは、女であることから自由な女を愛する。

中学時代の長与千種は、後輩たちからそのように見えたからこそ愛されたのである。

理屈ではなく、実感としてこの構造を知る長与千種は、クラッシュが少女たちに愛されるためには「中性」のイメージが必要だと考えた。》

まさにこの構造で、わたしは女子プロレスに夢中になった。女子プロレスラーは女であることから自由な女だ。彼女たちはカッコよく、そして決してわたしを汚すことがない。

## クラッシュ・ギャルズの残影

二〇二二年四月、『女の答えはリングにある』(イースト・プレス)という本を出版した。女子プロレスラー一〇人へのインタビューを元に、わたしが自己を取り戻していく物語である。

長与千種にも、五年振りにインタビューを敢行した。弟子の彩羽匠を〝一〇〇年に一人〟のプロレスラーにすること。彼女の関心はその一点に集中していた。インタビューの一部を抜粋したい。

——彩羽選手はマーベラスに移籍して、本当に素晴らしい選手になりましたね。

最初、彼女をパッと見て「ヒョロッとしてんなあ」と思ったんですよ。うん、これドキドキしないわ。女の子がドキドキするような子にしようと思って、食べさせることから始めました。まず背中。なぜかと言うと、彼女は立ち姿がカッコいい。剣道をやっている人たちって、立ち姿がカッコいいんです。体に芯が入っているというか。この背中に筋肉を乗っけて、肩にも筋肉を乗っけて、首を太くしていく。そうすれば絶対にカッコよくなるだろうと。

——いまの彩羽選手、立っているだけで絵になりますよねえ。

そう、まずは立ち姿のカッコよさ。次に、宝塚から持ってきました。宝塚の元トップの男役さんに「手を開くコツってなに?」って聞いたら、「自分の目線45度の角度」と言われて。そのやり方も全部教えてもらいました。手の開き方や目線は宝塚からもらいましたし、梅沢富美男さんからも勝手に盗みましたし、とにかくどうやったら彼女をカッコよく見せられるか徹底的に研究しましたね。

彩羽匠にもインタビューを敢行した。五年前はあどけなかったが、見違えるように色気が溢れていた。男っぽさの中にある、筆舌に尽くしがたい甘美な色気。長与千種の努力の賜物《たまもの》だろう。五年前、長与に感じた〝心を操作されている感覚〟を、わたしは彩羽匠の中に味わった。

女子プロレスに潜む闇に、自ら飛び込む自殺行為かもしれない。しかしわたしは、彩羽匠という選手を追いかけようと思った。長与千種はもう若くはない。ならばその遺伝子を持つ彩羽匠を追いかけたい。彩羽は「あの時代に近づきたいという気持ちが強い」と言った。わたしもまた、あの時代の熱狂を味わいたいと思っている。そして『1985年のクラッシュ・ギャルズ』のような本を書きたい。わたしはクラッシュ・ギャルズを、『1985年のクラッシュ・ギャルズ』を、まだ終わらせたくないのだ。

＊

秋——。東京女子プロレスの角田奈穂《かくたなお》にインタビューをした。アクトレスガールズ時代、先輩レスラーから罵倒され、練習のたびに泣いていたという。それでもプロレスをやめなかったのは、プロレスが好きだったから。試合をして、どんなに怒られて泣いても、何日か経つとまたあの刺激がほしくなる。

「体から痛みが抜けてくると、自分の体じゃない感覚がするんですよ。痛みもありきでずっと生きてきたから、物足りなくなる。痛みが抜けてくると『ああ、つまんないな』と思っちゃうんですよね。バンジージャンプをしても絶対に得られない。他に同じ感覚を得られるものが、まずないです」

わたしもそうだ。文章を書くのがつらくてたまらない。泣いてしまうこともある。それでも書かずにいると、あの刺激がほしくなる。中毒だ、と思う。

柳澤はいまも「やめたほうがいい」と思っていることだろう。しかしいつか『1985年のクラッシュ・ギャルズ』のような本が書けるまで、わたしはきっとやめられない。そしてそんな本をいつか本当に書けたなら。

わたしはもう死んでもいいと思っています。

**光文社未来ライブラリー**は、
海外・国内で評価の高いノンフィクション・学術書籍を
厳選して文庫化する新しい文庫シリーズです。
最良の未来を創り出すために必要な「知」を集めました。

本書は2014年3月に文春文庫として刊行されたものを、
加筆・修正して再文庫化したものです。

光文社未来ライブラリー

# 1985年《ねん》のクラッシュ・ギャルズ

著者 柳澤健《やなぎさわたけし》

2023年12月20日　初版第1刷発行

カバー表1デザイン　bookwall
本文・装幀フォーマット　bookwall
発行者　三宅貴久
印　刷　堀内印刷
製　本　ナショナル製本
発行所　株式会社光文社
〒112-8011東京都文京区音羽1-16-6
連絡先　mirai_library@gr.kobunsha.com（編集部）
03(5395)8116（書籍販売部）
03(5395)8125（業務部）
www.kobunsha.com
落丁本・乱丁本は業務部へご連絡くだされば、お取り替えいたします。


ISBN978-4-334-10168-8　Printed in Japan

# 光文社未来ライブラリー　好評既刊

## ヒルビリー・エレジー
アメリカの繁栄から取り残された白人たち

J・D・ヴァンス
関根光宏
山田文 訳

白人労働者階層の独特の文化、悲惨な日常を描き、トランプ現象を読み解く一冊として世界中で話題に。ロン・ハワード監督によって映画化もされた歴史的名著が、文庫で登場！

## アマゾンの倉庫で絶望し、ウーバーの車で発狂した
潜入・最低賃金労働の現場

ジェームズ・ブラッドワース
濱野大道 訳

アマゾンの倉庫、訪問介護、コールセンター、ウーバーのタクシー――英国の〝最底辺〟労働に著者自らが就き、その体験を赤裸々に報告。横田増生氏推薦の傑作ルポ。

## 希望難民
ピースボートと「承認の共同体」幻想

古市憲寿

現代に必要なのは〝あきらめ〟か!?「世界平和」や「夢」を掲げたクルーズ船・ピースボートに乗り込んだ東大院生による社会学的調査・分析の報告。古市憲寿の鮮烈のデビュー作。

## ルポ 差別と貧困の外国人労働者

安田浩一

「日本人は誠実な人ばかりだと思っていた」――低賃金、長時間労働、劣悪な環境、パワハラ、セクハラ……技能実習制度の闇の部分を暴いた傑作ルポ、新原稿を加えて文庫化。

## ２０１６年の週刊文春

柳澤健

スクープの価値は揺らがない――ふたりの編集長と現場の記者たちの苦闘を描き、週刊誌60年、文藝春秋100年の歴史をひもとく圧倒的熱量のノンフィクション。解説・古賀史健。